成都局集团公司铁路职工岗位培训系列教材

连　结　员

中国铁路成都局集团有限公司　编

中国铁道出版社有限公司

2024年·北　京

内 容 简 介

本书为成都局集团公司铁路职工岗位培训系列教材品种之一，主要以新职、转岗人员适应连结员岗位需求为目标，以现行基本规章和作业标准为依据，结合连结员岗位现场作业实际编写。本书主要介绍连结员岗位人员须掌握的基础理论、专业理论等，共分为五个部分，第一章为专业安全，第二章为基础知识，第三章为专业知识，第四章为相关知识，第五章为综合知识。本书可作为连结员岗位新职、转岗人员资格性、适应性培训用书。

图书在版编目(CIP)数据

连结员/中国铁路成都局集团有限公司编．—北京：中国铁道出版社有限公司，2024.7

成都局集团公司铁路职工岗位培训系列教材

ISBN 978-7-113-31250-3

Ⅰ.①连…　Ⅱ.①中…　Ⅲ.①铁路行车-调车作业-岗位培训-教材　Ⅳ.①U292.2

中国国家版本馆 CIP 数据核字(2024)第 099915 号

书　　名：连结员
作　　者：中国铁路成都局集团有限公司

责任编辑：李曦琳　黄　筱　　　　**编辑部电话：**(010)51892548
封面设计：郑春鹏
责任校对：刘　畅
责任印制：高春晓

出版发行：中国铁道出版社有限公司(100054，北京市西城区右安门西街 8 号)
网　　址：http://www.tdpress.com
印　　刷：天津嘉恒印务有限公司
版　　次：2024 年 7 月第 1 版　2024 年 7 月第 1 次印刷
开　　本：787 mm×1 092 mm 1/16　**印张：**10.25　**字数：**242 千
书　　号：ISBN 978-7-113-31250-3
定　　价：70.00 元

成都局集团公司铁路职工岗位培训系列教材
编审委员会

本书编委会

主　　编：胡　剑

副 主 编：刘耀霞

主　　审：朱　怡　杜鹏程　吴志林　刘　胜
罗　鑫

编写人员：钟明红　郭　奎　沈　娟

前言

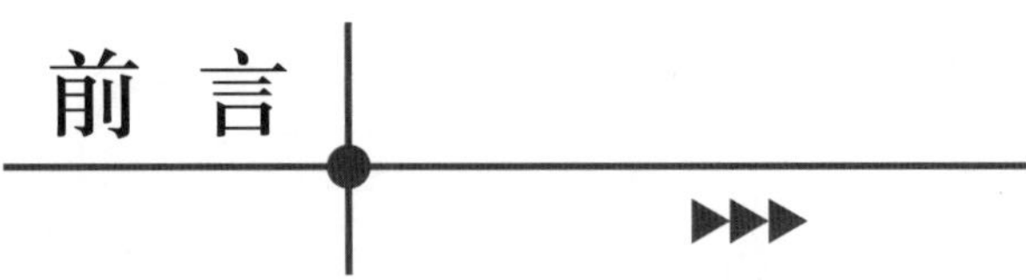

随着我国铁路事业快速发展，路网规模持续扩大、技术装备不断更新、职工队伍大规模迭代，对铁路专业技能人才，尤其是“新职、转岗、晋升”人员的知识技能结构提出了更高的要求。为进一步加强职工队伍建设，加快铁路高技能人才培养，适应铁路高质量发展对职工岗位素质的要求，依据《铁路特有工种技能培训规范》、教学大纲和岗位作业标准，中国铁路成都局集团有限公司组织编写了“成都局集团公司铁路职工岗位培训系列教材”。

本套教材从各工种岗位工作实际出发，注重专业性、实用性和指导性，主要以培养新职、转岗、晋升人员基础知识和专业技能，适应岗位需求为目标，严格按照《铁路特有工种技能培训规范》培训科目要求，充分依据现行基本规章和作业标准，紧密结合现场各工种岗位作业实际组织编写，内容反映各工种岗位“新技术、新设备、新工艺、新规章”变化，重点突出岗位作业标准、安全规定、应急处置。

本套教材由中国铁路成都局集团有限公司教材编审委员会组织，以专业指导委员会为平台，职工培训部统筹，职工培训基地牵头，运输、客运、货运、机务、工务、电务、供电、车辆、土房专业部门组建以现场专业技术骨干为主体的编写团队进行编写，适用于“新职、转岗、晋升”人员岗前资格性培训，也可作为高职生“2＋1”定向培养教材和日常岗位适应性培训教材。

本书为连结员岗位培训教材，共五章，主要内容包括：专业安全、基础知识、专业知识、相关知识、综合知识。本书引用的基本规章、作业标准等为编写时现行文件，后续新发文件冲突时，以新发文件为准。

由于编者水平有限，书中难免存在疏漏和不妥之处，恳请广大读者提出宝贵意见，便于日后修订完善。

编委会

2024 年 6 月

目录

第一章　专业安全

第一节　《电气化铁路有关人员电气安全规则》相关条款

一、总则

1. 新建电气化铁路在牵引供电设备送电前15天，建设单位应将送电日期通告铁路沿线路内外各有关单位。自通告之日起，视为牵引供电设备带电，有关人员均须遵守电气化铁路有关人员电气安全规则相关规定。

2. 电气化铁路沿线路内外各单位需组织学习本规则的相关内容。电气化铁路相关作业人员每年至少进行一次安全考试，考试合格后，方准参加作业。

二、一般安全规定

1. 为保证人身安全，除牵引供电专业人员按规定作业外，任何人员及所携带的物件、作业工器具等须与牵引供电设备高压带电部分保持2 m以上的距离，与回流线、架空地线、保护线保持1 m以上距离，距离不足时，牵引供电设备须停电。

2. 电气化铁路区段，具有升降、伸缩、移动平台等功能的机械设备进行施工、装卸等作业时，作业范围与牵引供电设备高压带电部分须保持2 m以上的距离，与回流线、架空地线、保护线保持1 m以上距离，距离不足时，牵引供电设备须停电。

3. 在距牵引供电设备高压带电部分2 m以外，与回流线、架空地线、保护线1 m以外，临近铁路营业线作业时，牵引供电设备可不停电，但须按照铁路营业线施工安全管理有关规定执行。

4. 机车、动车及各种车辆上方的接触网设备未停电并办理安全防护措施前，禁止任何人员攀登到车顶或车辆装载的货物上。

5. 牵引供电设备故障时，与牵引供电设备相连接的支柱、接地引下线、综合接地线等可能出现高电压，未采取安全措施前，禁止与其接触，并保持安全距离。

6. 发现牵引供电设备断线及其部件损坏，或发现牵引供电设备上挂有线头、绳索、塑料布或脱落搭接等异物，均不得与之接触，应立即通知附近车站，在牵引供电设备检修人员到达未采取措施以前，均应距已断线索或异物处所10 m以外。

三、接发列车及调车作业安全规定

电气化铁路接触网停电检修时，禁止向停电区放行电力机车及动车组。司机发现不符合此项规定时，应立即降下受电弓并停车。

四、电气化铁路附近消防安全规定

1. 距牵引供电设备带电部分不足 4 m 的燃着物体，使用水或灭火器灭火时，牵引供电设备必须停电。

2. 距牵引供电设备带电部分超过 2 m 的燃着物体，使用沙土灭火时，牵引供电设备可不停电，但须保持灭火机具及沙土等与带电部分的距离在 2 m 以上。

五、车辆行人通过道口安全规定

1. 通过道口车辆限界及货物装载高度（从地面算起）不得超过 4.5 m，超过时，应绕行立交道口或进行货物倒装。

2. 行人持有长大、飘动等物件通过道口时，不得高举挥动，应与牵引供电设备带电部分保持以上 2 m 的距离。

3. 通过道口车辆上部或其货物装载高度（从地面算起）超过 2 m，通过平交道口时，车辆上部及装载货物上严禁坐人。

规定内容应制成揭示牌，固定在道口两面限界门右侧门框上，由供电设备管理单位负责安装及维护。

第二节 《铁路车站行车作业人身安全规定》相关条款

一、总则

1. 本规定是铁路车站行车作业人身安全的基本要求。

2. 本规定适用于国铁集团①车站（含委托国铁集团所属铁路运输企业管理的车站）行车作业人员。

二、行车作业人身安全通用规定

1. 班前禁止饮酒。班中按规定着装，佩带防护用品。

2. 顺线路走时，应走两线路中间，作业人员及所携带的工具不得侵入机车车辆限界，并注意邻线的机车车辆和货物装载状态。严禁在道心、轨枕头上行走。不准脚踏钢轨面、道岔连接杆、尖轨、辙叉心等。

3. 横越线路时，应一站、二看、三通过，注意左右机车、车辆的动态及脚下有无障碍物。

4. 横越停有机车车辆的线路时，应先确认该机车车辆暂不移动，然后在该机车车辆较远处通过。严禁在运行中的机车、车辆前面抢越。

[《中国铁路成都局集团有限公司车务调车安全控制办法》中第 10 条室外走行的补充规定：

(1)除调车作业人员外，其余人员原则上不准横越列车、车列（横越的车辆有通过台时除外）。

(2)调车组遇绕行车辆不超过 10 辆时，应绕行通过，不得横越列车、车列。]

---

①中国国家铁路集团有限公司，下同。

5. 必须横越列车、车列(组)时，严禁钻车。应先确认该列车、车列(组)暂不移动，然后由车辆通过台或两车车钩上越过；越过时勿碰开钩销，上下车时要抓紧蹬稳并注意邻线有无机车车辆运行；经车辆通过台越过应从车梯上下车。

6. 严禁在机车车辆底下坐卧，以及钢轨上、轨枕头、道心里坐卧或站立。

7. 严禁扒乘运行中的机车车辆，以车代步。

三、接发列车作业人身安全规定

安装、摘解货车列尾主机、中继器吊起列车尾部软管时，应确认车列暂不移动方可进行作业。

四、调车作业人身安全规定

1. 必须熟知调车作业区的技术设备、作业环境和作业方法，以及接近线路的一切建(构)筑物的形态和距离。

2. 上下车时必须遵守以下规定：

(1)上车时，车速不得超过 15 km/h；下车时，车速不得超过 20 km/h。

(2)在高度不超过 1.1 m 的站台上上下车时，车速不得超过 10 km/h。

(3)在路肩窄、路基高的线路上和高度超过 1.1 m 的站台上作业时，必须停车上下。

(4)登乘内燃、电力机车作业时，必须在机车停稳时再上下车(设有便于上下车脚蹬的调车机车除外)。

(5)上车前应注意脚蹬、车梯、扶手，平车、砂石车的侧板和机车脚踏板的牢固状态。

(6)上下车时要选好地点，注意地面障碍物。不准迎面上车。不准运行中反面上下车(牵出时最后一辆及《站细》①等规定的除外)。

[《中国铁路成都局集团有限公司车务系统调车安全控制办法》中第 10 条规定：

(1)编区站在驼峰区域(禁溜、迂回线除外)利用专用调车机车进行作业时可不执行“停车上下”，具体地点由站段进行细化和明确，其余区域和其他车站进行调车作业时必须采取“停车上下”方式进行。

(2)调车推进作业中，当速度低于安全连挂的 5 km/h 时下车，可视为“停车下”。]

3. 在车列、车辆运行中，禁止下列行为：

(1)在车钩上，在平车、砂石车的端板支架上坐立，在平车、砂石车的边端站立。

(2)在棚车顶或装载超出车帮的货物上站立或行走。

(3)手抓篷布或捆绑货物的绳索，脚蹬平车鱼腹形侧梁。

(4)在车梯上探身过远，或经站台时站在低于站台的车梯上。

(5)在装载易于窜动货物的车辆间和货物空隙间站立或坐卧。

(6)骑坐车帮。

(7)跨越车辆。

(8)两人及以上站在同一闸台、车梯及机车一侧脚踏板上。

(9)进入线路提钩，摘结制动软管或调整钩位。

---

①《车站行车工作细则》，下同。

4. 手推调车时，必须在车辆两侧进行，并注意脚下有无障碍物。

（《行规》①第 64 条规定：集团公司管内除段管线、专用线、专用铁路外，其他线路禁止手推调车。段管线确需手推调车时，由段管线管理单位制定安全措施。专用线、专用铁路确需手推调车时，在专用线、专用铁路运输协议中明确。）

5. 在电气化铁路区段，接触网未停电、未接地的情况下，禁止到车顶上调车作业。在带电的接触网线路上调车时，作业人员及所携带的工具等须与接触网高压带电部分保持 2 m 以上的距离。

6. 去岔线、段管线或货物线调车作业，须事先派人检查线路大门开启状态及线路两侧货物堆放情况；事先派人检查有困难时，应在《站细》中规定检查确认办法。

7. 带风作业时，必须执行一关（关折角塞门）、二摘（摘制动软管）、三提钩的作业程序。

8. 摘结制动软管、调整钩位、处理钩销、采取或撤除防溜措施时，必须等列车、车列（组）停妥，并得到调车长的回示，昼间由调车长防护，夜间必须向调车长显示停车信号。

（1）调车人员须确认列车、车列（组）停妥，得到调车长同意，并使用无线调车灯显设备发出“紧急停车”指令后，方可进入车档。调车长进入车档作业时，由其本人向司机显示（发出）停车信号进行防护。

（《中国铁路成都局集团有限公司车务系统调车安全控制办法》中第 9 条规定：调车作业中，需进入车档或车下进行摘结制动软管、调整钩位等作业前，作业人员应使用紧急停车按钮进行防护。）

（2）使用手信号调车时，调车长须向司机显示停车信号进行防护后，方可同意作业人员进入车档；调车长得到所有作业人员均已作业完毕的汇报后，方可撤除防护。

9. 调整钩位、处理钩销时不要探身到两车钩之间。对平车、砂石车、罐车、客车及特种车辆，应特别注意端板支架、缓冲器、风挡及货物装载状态。

10. 使用人力制动机时（在静止状态下，站在地面或低于车钩中心水平线的人力制动机闸台上使用时除外），必须使用安全带。要做到“上车先挂钩”“下车先摘钩”。不能使用安全带的车辆，如：平车、砂石车、罐车等，作业时必须选好站立地点。

11. 严禁在运行中的机车前后端坐卧。

12. 使用折叠式人力制动机时，须在停车时竖起闸杆，确认方套落下，月牙板关好，插销插上后方可使用。

13. 作业中严禁吸烟。

第三节 《车务系统调车安全控制办法》相关条款

1. 检查线路、车辆的补充规定：

调车作业前必须检查线路与停留车辆情况。由车站担当取送作业的货物线、段管线、专用线（铁路）、工程线未经检查、汇报情况，禁止进行调车作业。因走行距离长，作业前来不及检查的，无论是单机、牵引或推进运行，均须在《站细》规定的地点一度停车，并按《站细》规定检查汇报后方可进行作业。

---

①《中国铁路成都局集团有限公司普速铁路行车组织规则》，下同。

2. 货物线、专用线(铁路)、工程线取送车作业补充规定:

(1)取送车作业时,经过大门、平过道、脱轨器前必须一度停车。若大门、平过道、脱轨器互相之间的最长间隔在 200 m 范围内,可在大门处一度停车后,由前端连结员徒步检查平过道、脱轨器,在连结员检查、汇报完毕后,后续推进调车作业由调车长领车,且不必在平过道、脱轨器前再执行一度停车。

(2)作业中车站值班员或助理值班员(内勤)在得到脱轨器上脱的通知后,要钮封该股道调车信号(不能钮封时揭挂表示牌、CTC3.0 系统车站设置专用标识);车站值班员或助理值班员(内勤)在未得脱轨器下脱的通知前,不得排列该股道的调车进路。

3. 调车推进作业中"四必须"规定:

(1)调车人员必须确认进路正确、信号已开放才能推进。

(2)调车人员必须在车列前部瞭望。

(3)中间站作业时必须接通全部风管、全列试拉确认连挂妥当。

(4)尽头线作业必须执行距车挡或尽头端 30 m 处一度停车。

4. 驼峰溜放作业"六不提"规定:

计划不清或车号不符不提;信号不明不提;禁溜、禁峰车(集团公司单独批复的特殊车辆除外)不提;前行车组车钩未脱不提;车组溜放间隔距离不足不提;车辆技术状态不良(属于检查车辆范围内的)不提。

5. 调车人员徒步领车作业补充规定:

推送前端为集装箱平车、前端车梯损坏无法攀爬站立及 G_{70} 等新造车型无通过台的,或因装载货物、篷布等装载加固材料影响无法站立的,以及需配合防疫、防毒等特殊要求的车辆;与受单(双)面高站台等作业环境限制,不具备攀爬车辆领车条件时,调车人员可徒步领车。具体办法由站段自定并纳入《站细》。

6. 对于发电车、餐车、行李车、特种车等客车推送作业时,可采取以下措施:

(1)领车人员尽可能站立于车厢内或侧门扶梯,并抓牢车辆。

(2)前端车辆既无侧门又无通道门时可增加一名连结员加强瞭望,抓牢车辆,并限速推进。

(3)必要时,在调车人员站立的车门处加挂防护安全带,确保调车组人员人身安全。

7. 未配置无线调车灯显设备的车站,除故障车甩挂等紧急情况外,不得进行甩挂作业。

8. 咽喉道岔区调车作业补充规定:

调车作业等待及单机转线时,严禁压岔停车(因站场设备限制,必须压岔折返除外)。

9. 进入线路作业与应急处置补充规定:

(1)调车作业中,需进入车档或车下进行摘结制动软管、调整钩位等作业前,作业人员应使用紧急停车按钮进行防护;若作业线路为编区站调车线,则还须确认越区已办理妥当,驼峰端溜放车辆已停妥。发现危及行车和人身安全时,作业人员应使用紧急停车按钮,及时向司机发出停车指令。

(2)机车摘挂、转线等不进行车辆摘挂或列车在到达线路内拉道口、直接后部摘车等不使用无线调车灯显设备的作业,车站人员入线作业前,应使用列车无线调度通信设备通知司机停止动车,防护车站人员。

10. 调车作业"停车上下"的规定:

(1)编区站在驼峰区域(禁溜、迂回线除外)利用专用调车机车进行作业时可不执行"停车上下”，具体地点由站段进行细化和明确，其余区域和其他车站进行调车作业时必须采取“停车上下”方式进行。

(2)调车推进作业中，当速度低于安全连挂的 5 km/h 时下车，可视为“停车下”。

11. 室外走行补充规定：

(1)除调车作业人员外，其余人员原则上不准横越列车、车列(横越的车辆有通过台时除外)。

(2)调车组遇绕行车辆不超过 10 辆时，应绕行通过，不得横越列车、车列。

12. 列车运行速度 160 km/h 及以上的区段，客车通过前 10 min，车站值班员应通知调车长停止邻线通过列车一侧的调车作业，调车作业人员在调车长的指挥下到安全地点避车。

13. 调车作业人员自出务时起，至作业完毕返回调车室、运转室止，严禁吸烟(含电子烟)。

14. 安全带运用补充规定：

(1)使用人力制动机时(在静止状态下，站在地面或低于车钩中心水平线的人力制动机闸台上使用时除外)，必须使用安全带；遇不易爬乘的特殊车辆、推送或牵引尾部跟车距离超过 3 km 时是否使用安全带由站段自定；其余调车作业原则上不得使用安全带。

(2)若调车作业中不使用安全带，则出务作业可不携带。

第二章　基础知识

第一节　站场设备

一、铁路线路

（一）铁路线路分类

1. 铁路根据其在路网中的作用、性质、设计速度和客货运量分为：高速铁路、城际铁路、客货共线铁路和重载铁路。

2. 客货共线铁路根据其在路网中的作用和运量分为：Ⅰ级铁路、Ⅱ级铁路、Ⅲ级铁路和Ⅳ级铁路。

3. 铁路按产权分为：国家铁路、合资铁路、地方铁路和专用铁路。

4. 铁路按区间正线数量分为：单线铁路、双线铁路、多线铁路。

5. 铁路按轨距分为：窄轨铁路、准轨铁路、宽轨铁路。

6. 线路按用途和归属分为：正线、站线、岔线、段管线、安全线、避难线。

（二）线路编号原则

一个车站（分场时为一个车场）的股道不准有相同的编号。正线用罗马数字（Ⅰ、Ⅱ、Ⅲ……）编号，站线用阿拉伯数字（1、2、3……）编号，如图2-1所示。

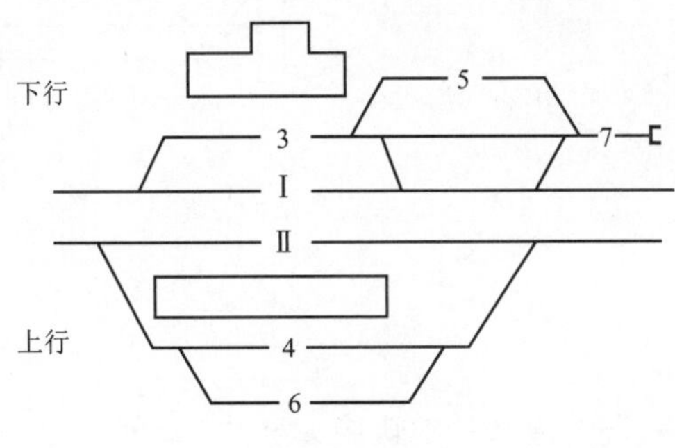

图2-1　线路编号原则

1. 单线铁路编号原则：从靠近站房的线路起，依次向站房对侧依次顺序编号；位于站房左右或后方的线路，在站房前的线路编完后，再由正线方向起，向远离正线顺序编号，如图2-2所示。

2. 双线铁路编号原则：从正线起按列车运行方向分别向外顺序编号，上行一侧编为双数，下行一侧编为单数，如图2-3所示。

3. 尽端式车站编号原则：若站房位于线路一侧时，从靠近站房的线路起，向远离站房方向顺序编号，如图 2-4(a)所示；若站房位于路终端时，应面向终点方向由左侧线路起向右顺序编号，如图 2-4(b)所示。

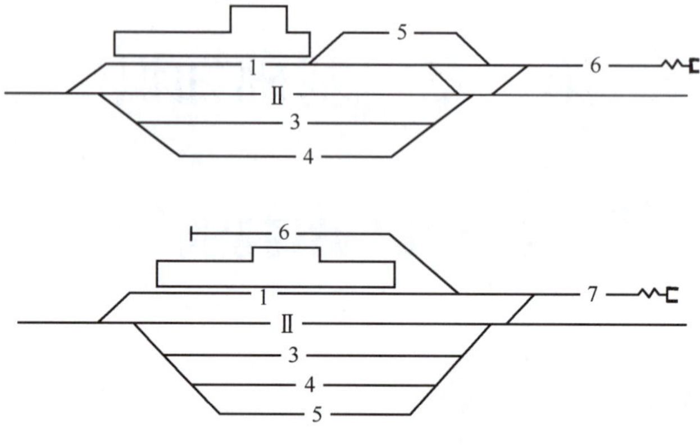

图 2-2　单线铁路编号原则

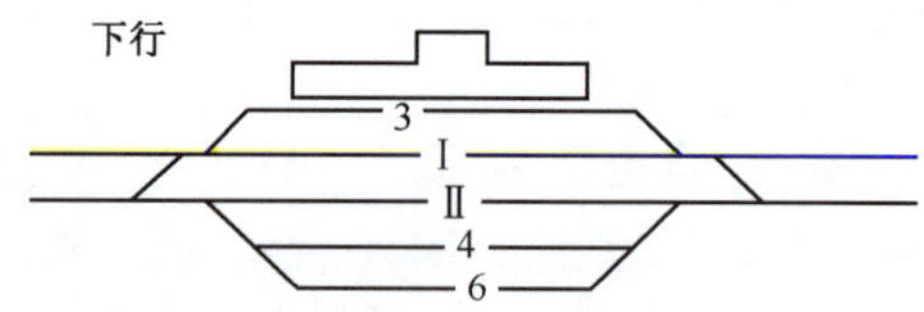

图 2-3　双线铁路编号原则

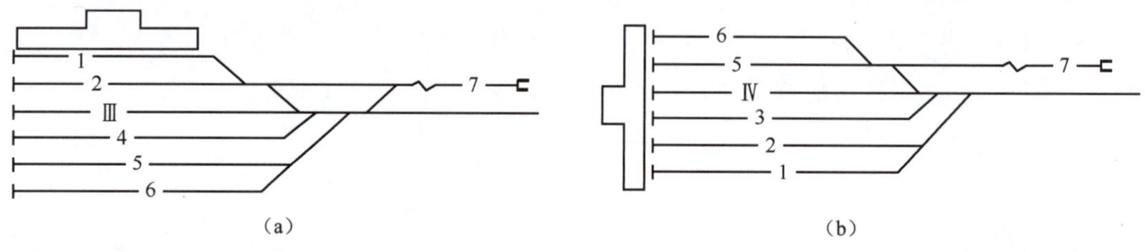

图 2-4　尽端式车站编号原则

(三)线路长度

1. 线路全长

线路全长指车站线路一端的道岔基本轨接头至另一端道岔基本轨接头的长度，如图 2-5 所示。

尽头式线路全长：道岔基本轨接头至车挡处。

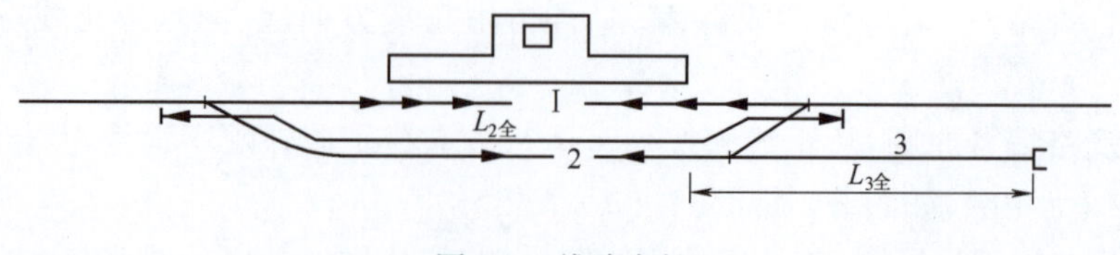

图 2-5　线路全长

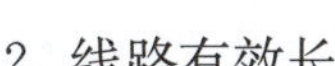

2. 线路有效长

线路有效长是指在线路全长范围内可以停留机车车辆而不妨碍信号显示、道岔转换和邻线行车的部分。

线路有效长的确定因素：出站信号机（或调车信号机）、警冲标、道岔尖轨始端（无轨道电路时）或道岔头部基本轨接头处的钢轨绝缘（有轨道电路时）、车挡。

常见的有效长：1 050 m、850 m、750 m、650 m、550 m。

3. 警冲标

警冲标设在两会合线路间距离为 4 m 的地方，当中间距离不足 4 m 时，设在两线路中心线最大间距的起点处，如图 2-6 所示。

警冲标作用：指示机车车辆的停留位置，防止机车车辆的侧面冲撞。

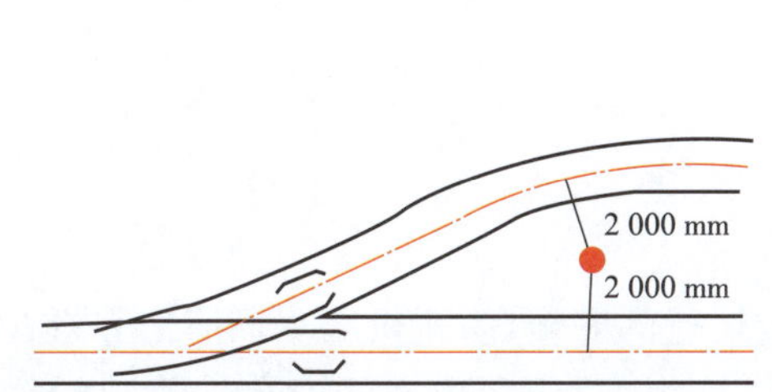

图 2-6　警冲标

（四）容车数

1. 计算线路容车数的标准

以标记载重 30 t 四轴棚车的长度 11 m（换算长度 1.0）为标准，计算线路容车数。由于标记载重 30 t 四轴棚车已是淘汰了的小型车，按 11 m 计算线路容车数主要用于计算列车的长度。

以标记载重 50 t 四轴棚车的长度 14.3 m（换算长度 1.3）为标准，计算线路容车数。由于 50 t 棚车长度接近我国目前货车的平均长度，故所得结果近似现车数，便于作业中掌握线路容车数。

2. 计算容车数的方法

根据每一线路的用途及保证线路内作业的安全需要，在计算线路容车数时，应在线路有效长的长度中减去必要的安全距离和停留车的合理间隔。

（1）到发线（交换场线）换算容车数

到发线（交换场线）有效长减去机车长度（一台或多台）和 30 m 安全距离后分别除以换算长度 11 m 和 14.3 m 计算：

$$N=\frac{L_{效}-L_{机}-L_{附}}{11(或\ 14.3)}$$

（2）调车场分类线换算容车数

调车场分类线考虑停留车的合理间隔，按有效长的 75% 分别除以换算长度 11 m 和 14.3 m 计算：

$$N=\frac{L_{效}\times 75\%}{11(或\ 14.3)}$$

(3)牵出线换算容车数

牵出线按线路有效长减去调车机车长度和 10 m 安全距离后分别除以 11 m 和 14.3 m 计算：

$$N=\frac{L_{效}-L_{机}-10}{11(或\ 14.3)}$$

货物、加冰、洗刷消毒等线路，应按各线路实际可能利用的长度计算。

线路最大换算容车数均按线路有效长分别除以换算长度 11 m 和 14.3 m 计算。

(4)容车数计算时的注意事项

①根据股道用途和作业性质不同，在计算容车数时，应减去必要的安全余量。

②货物线、洗刷消毒等线路，应按各线路实际有效长计算容车数。以上线路若为尽头线时，还应减去 10 m 的安全距离。

③调车线的最大换算容车数按线路实际有效长计算。

④容车数的小数部分均舍去。

(五)限界

限界是指为了确保机车车辆在铁路线路上运行的安全，防止机车车辆撞击邻近线路的建筑物和设备，而对机车车辆和接近线路的建筑物、设备所规定的不允许超越的轮廓尺寸线。

1. 机车车辆限界：为确保行车安全，要求机车、车辆本身及其装载的货物，不得超过规定的轮廓尺寸线。

机车、车辆无论空重状态，均不得超出机车车辆限界。

2. 建筑限界：为保证列车运行安全，要求靠近铁路线路修建的建筑物及设备，不得侵入规定的与线路中心线垂直断面的轮廓尺寸线。

基本建筑限界与机车车辆限界之间的空隙，为安全空间。留有安全空间的目的：一是为组织超限货物列车运行，二是为适应运行中列车横向晃动偏移和竖向上下震动，防止与邻近的建筑物或设备发生碰撞。

(六)线间距

相邻两线路中心线间的距离，称线间距。

线间距是根据有关限界、相邻线路间设置的与行车有关的技术设备和办理不同性质作业而确定的。线间距分为直线部分和曲线部分。

1. 直线部分铁路线间距(表 2-1)

表 2-1 铁路线间距

序号	名称		线间最小距离(mm)
1	区间双线	$v\leqslant$120 km/h	4 000
		120 km/h<$v\leqslant$160 km/h	4 200
		160 km/h<$v\leqslant$200 km/h	4 400
2	三线及四线区间的第二线与第三线		5 300

续上表

<table>
<tr><th>序号</th><th colspan="4">名　　称</th><th>线间最小距离(mm)</th></tr>
<tr><td>3</td><td colspan="4">站内正线</td><td>5 000</td></tr>
<tr><td rowspan="7">4</td><td rowspan="7">站内正线与相邻到发线</td><td colspan="3">无列检作业</td><td>5 000</td></tr>
<tr><td rowspan="6">有列检作业或上水作业</td><td rowspan="2">$v \leqslant 120$ km/h</td><td>一般</td><td>5 500</td></tr>
<tr><td>改建特别困难</td><td>5 000</td></tr>
<tr><td rowspan="2">120 km/h<$v \leqslant$160 km/h</td><td>一般</td><td>6 000</td></tr>
<tr><td>改建特别困难</td><td>5 500</td></tr>
<tr><td rowspan="2">160 km/h<$v \leqslant$200 km/h</td><td>一般</td><td>6 500</td></tr>
<tr><td>改建特别困难</td><td>5 500</td></tr>
<tr><td>5</td><td colspan="4">到发线间或到发线与其他线</td><td>5 000</td></tr>
<tr><td>6</td><td colspan="4">站内线间设有高柱信号机时，相邻两线(含正线)均需通行超限货物列车</td><td>5 300</td></tr>
<tr><td>7</td><td colspan="4">站内线间设有高柱信号机时，相邻两线(含正线)只有一条通行超限货物列车</td><td>5 000</td></tr>
<tr><td rowspan="2">8</td><td colspan="3" rowspan="2">牵出线与其相邻线</td><td>调车作业繁忙车站</td><td>6 500</td></tr>
<tr><td>改建困难或仅办理摘挂取送作业</td><td>5 000</td></tr>
</table>

注：线间有建(构)筑物或有影响限界的设施，最小线间距按建筑限界计算确定。既有线列车最高运行速度提速到140～160 km/h时，可保持4 m线间距。

站内正线须保证能通过超限货物列车。此外，在编组站、区段站及区段内选定的三至五个中间站上，单线铁路应另有一条线路，双线铁路上、下行各另有一条线路，须能通行超限货物列车。

2. 曲线部分铁路线间距

曲线地段的中心线间的水平距离和线间设施(含站台边缘)至线路中心线的最小距离，均按曲线半径大小，根据《技规》①附图1规定的 $v \leqslant 160$ km/h 客货共线铁路的曲线上建筑限界加宽办法计算确定。

(七)线路平面及纵断面

线路中心线在水平面上的投影，称为铁路线路的平面；线路中心线在垂直面上的投影，称为铁路线路的纵断面。

(1)基本阻力

基本阻力是指列车在空旷地段沿平、直轨道运行时所受到的阻力，包括轮轨之间的摩擦阻力、风阻力等。

(2)附加阻力

附加阻力是列车在线路上运行时，除基本阻力外所受到的额外阻力。

(3)缓和曲线

缓和曲线是一段曲率连续变化的曲线，它的曲率半径由无限大渐变到等于它所衔接的圆曲率半径(或相反)，如图2-7所示。设置缓和曲线可以使车辆产生的离心力逐渐增加(或减少)，有利于行车平稳。

①《铁路技术管理规程(普速铁路部分)》，下同。

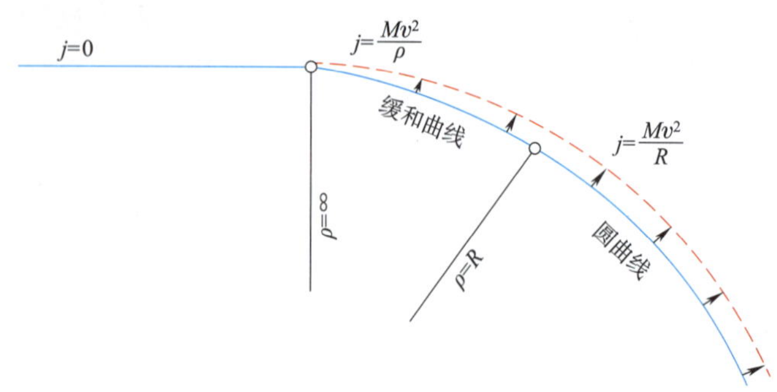

图 2-7 缓和曲线

(4)坡度

坡道的陡和缓常用坡度来表示。坡度就是一段坡道两端点的高度差 h 和水平距离 L 之比,如图 2-8 所示。若 L 为 2 000 m,h 为 8 m,则 AB 段坡道的坡度为 4‰。

在一个区段上,决定一台某一类型机车所能牵引的货物列车最大质量的坡度,叫作限制坡度。

(5)竖曲线

车辆经过变坡点时,将产生振动和竖向加速度,引起旅客不舒适。同时由于坡度变化,车钩会产生一种附加应力,车辆经过凹凸地点时,相邻车辆处在不同坡道上,易产生车钩上下错移。当相邻坡段坡度代数差过大,附加应力过大,两车钩上下错移量过大,可能发生断钩、脱钩等事故。

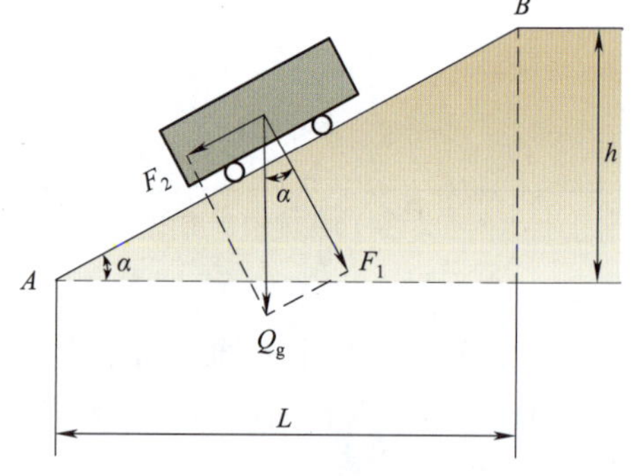

图 2-8 线路坡度

因此,为保证列车运行平稳,防止断钩、脱钩事故,应在相邻坡段间用圆曲线连接,使列车由一个坡段顺利过渡到下一个坡段,这个变坡点处设置的曲线,叫竖曲线。

二、道岔

机车车辆在运行过程中,常常需要由一条线路转入另一条线路,或跨越其他线路。这就需要设置线路的连接与交叉设备,即道岔。道岔是铁路轨道的重要组成部分。

由于道岔数量多、使用寿命短、限制列车速度、行车安全性低,因此道岔与曲线、接头并称为轨道的三大薄弱环节。

(一)道岔的分类

道岔的种类很多,常见的有普通单开道岔、对称道岔、三开道岔、复式交分道岔、交叉渡线、菱形交叉等。

1. 单开道岔:将一条铁路线分为两条,主线为直线,侧线由主线的左侧或右侧岔出。站在道岔尖轨面向辙叉,凡侧线由主线左侧岔出的称为左开道岔,侧线由主线右侧岔出的为右开道岔。

2. 对称道岔:整个道岔对称于主线。

3. 三开道岔:有三个辙叉,可开通三个方向。

4. 复式交分道岔：两条线路相交，列车能沿任何一侧由一条线路转入另一条线路，这种道岔叫做复式交分道岔。复式交分道岔相当于两组对向铺设的单开道岔，实现不平行股道的交叉。

5. 交叉渡线：由 4 组类型和号数相同的单开道岔和一组菱形交叉，以及连接钢轨组成，用于平行股道之间的连接，仅在个别特殊场合下使用。

6. 菱形交叉：由两组锐角辙叉和两组钝角辙叉组成，但没有转辙器，所以股道之间不能转线。

（二）道岔的组成

1. 普通单开道岔包含转辙器、辙叉及护轨、连接部分三个部分。从辙叉咽喉至辙叉心轨实际尖端之间称为“有害空间”，这一段是轨线中断区段。解决有害空间的办法是采用可动心轨。可动心轨辙叉的心轨在翼轨框架范围内转换，以保持直、侧向轨线的连接，消灭了固定辙叉的“有害空间”，且直向无须设置护轨，提高列车运行的平顺性，如图 2-9 所示。

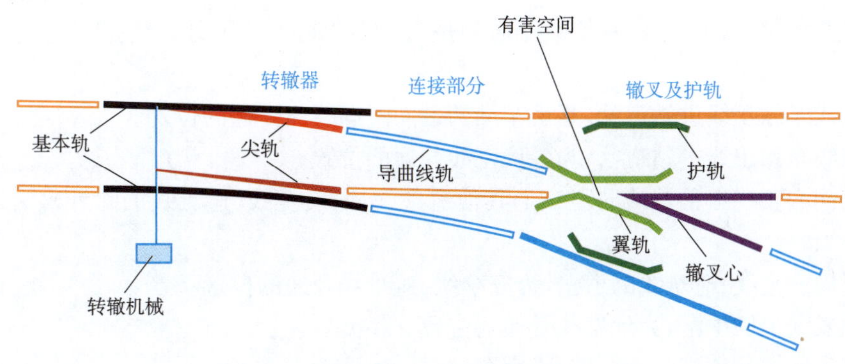

图 2-9　道岔的组成

2. 道岔号数

道岔号码可用道岔辙叉角的余切（即辙叉的跟端长和跟端支距的比值）来确定，如图 2-10所示。

$$N=\cot\alpha=\frac{FE}{AE}$$

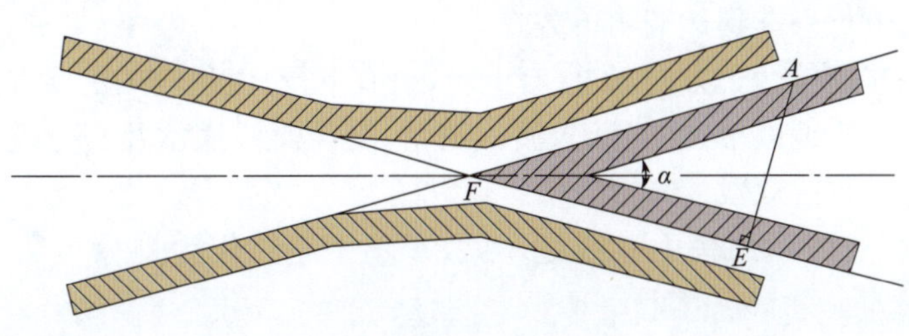

图 2-10　道岔号数计算

单向道岔侧向通过速度见表 2-2。

表 2-2　单向道岔侧向允许通过速度

<table>
<tr><th>道岔号数</th><th>导曲线半径(m)</th><th>客车通过速度(km/h)</th><th>货车通过速度(km/h)</th></tr>
<tr><td>30</td><td>2 700</td><td>140</td><td>90</td></tr>
<tr><td rowspan="2">18</td><td>≥860</td><td colspan="2">80</td></tr>
<tr><td>800</td><td colspan="2">75</td></tr>
<tr><td rowspan="2">12</td><td>350</td><td colspan="2">50(45)</td></tr>
<tr><td>330</td><td colspan="2">45</td></tr>
<tr><td>9</td><td>180～190</td><td colspan="2">30</td></tr>
</table>

注:1. 保留使用的 8 号、10 号、11 号单开道岔侧向通过的最高速度分别为 25 km/h、35 km/h 和 40 km/h;

2. 括号内数据为 75 km/h 钢轨 12 号道岔的侧向允许货车通过速度。

从表中的数据可以得出结论:辙叉角越小,道岔号数越大,道岔长度越长,过岔速度越快。

3. 道岔定反位

规定道岔经常保持向某一线路开通的位置称为“定位”,向另一线路开通的位置称为“反位”。

(1)单线车站正线进站道岔,为由车站两端向不同线路开通的位置。

(2)双线车站正线进站道岔,为各该正线开通的位置。

(3)区间内正线道岔及站内正线上其他道岔(引向安全线、避难线的除外),为正线开通的位置。

(4)引向安全线、避难线的道岔,为安全线、避难线开通的位置。

(5)到发线上的中岔,为到发线开通的位置。

(6)其他由车站负责管理的道岔,由车站规定。

(7)车站道岔的定位,应在《站细》内记明。

(8)段管线道岔的定位,由各段自行规定。

(9)集中操纵的道岔及不办理接发列车的非集中操纵的道岔可不保持定位(到发线上的中岔和引向安全线、避难线的道岔除外)。

4. 道岔的编号

(1)用阿拉伯数字从车站两端由外而内,由主(接发列车)而次(调车)依次编号,上行列车到达端用双数,下行列车到达端用单数。

(2)如车站一端衔接两个方向以上(有上行,也有下行)道岔应按主要方向编号。

(3)每一道岔均应编以单独的号码,渡线道岔,交叉渡线道岔及交分道岔等处的联动道岔,应编为连续的单数或双数。

(4)站内道岔,一般以站舍中心线或车站、车场中心线作为划分单数号与双数号的分界线。

(5)当车站有几个车场时,每一车场的道岔必须单独编号,并使用三位数字表示,百位数字表示车场号码,个位和十位数字表示道岔号码,如 107,表示:一场的 7 号道岔。应当避免在同车站内有相同的道岔号码。

(6)尽端式车站的道岔向线路终端方向顺序编号。

三、车站、车场

(一)车站

为了方便办理铁路客运或货运业务,需要将每条铁路线路划分成若干个长度不同的区间,而这个分界点就是车站。车站是铁路系统的基层生产单位。

车站按业务性质分为:营业站和非营业站,营业站分为客运站、货运站、客货运站。

车站按等级分为:特等站、一等站、二等站、三等站、四等站、五等站。

车站按技术作业分为:中间站、区段站、编组站。其中区段站和编组站统称为技术站。

客运站是专门办理旅客运输业务的车站。

货运站是专门办理货物运输业务的车站。

客货运站是既可以办理旅客运输业务又可办理货物运输业务的车站。

中间站设在技术站之间的区段内,主要办理列车接发、会让和通过作业,以及摘挂列车调车和装卸作业。

区段站设于划分货物列车牵引区段的分界处或区段车流的集散地点,一般只改编少量区段车流,解体与编组区段、摘挂列车,为邻接区段供应机车或乘务员。

编组站设在大量车流集散的地点或若干铁路线的交叉点,主要工作是解体和编组列车。

(二)车场

编组站各项设备的相互位置是多种多样的,编组站图型按向、级、场进行命名。单向一级三场编组站图型如图 2-11 所示。

向:调车系统的套数,如单向、双向。

单向:只有一个调车场,上、下行合用一套调车设备。

双向:有两个调车场,上、下行各有一套调车设备。

级:同一调车系统中到、调、发车场纵向排列的纵向数。

场:车场,车站有几个车场,就叫做几场,如“一级三场”。

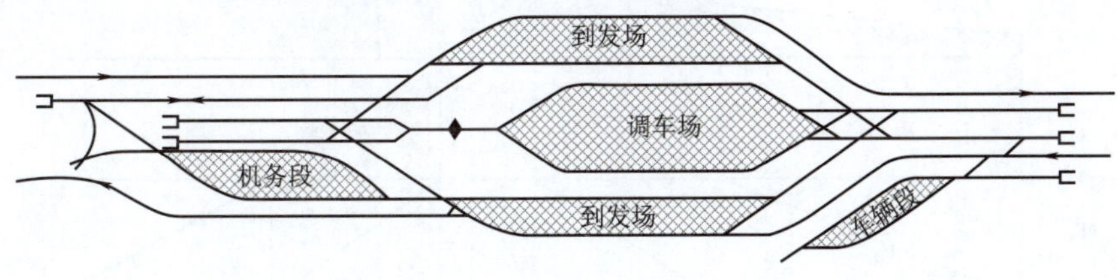

图 2-11　单向一级三场

车场按作业内容可分为:到达场、出发场、调车场。

到达场是指专门办理货物列车到达作业的车场,一般设在编组站内。办理的列车到达作业包括有调中转列车到达作业(指各方向到达本站均需解体改编作业)和无调中转列车到达作业(指各方向到达本站不进行改编作业,仅更换机车、列检等作业)。

出发场指专门办理列车出发作业的车场,一般设置在编组站内。办理的出发作业包括自编列车(有调中转列车)出发作业和直通列车(无调中转列车)出发作业。出发场除了设置有若干条出发线之外,还配置有专门的出发信号设备和其他出发作业设备(如列检设备、货检设备等)。

调车场指在车站上由专供车辆集结与停留的调车线组成的车场。

调车场的线路有 3 种用途：按到站或去向集结编组各种列车的车辆；停留需要重复解体的交换车和向装卸地点取送的本站作业车；停留其他专门或特殊的车辆，如超限车、危险品车、倒装车、禁止过峰车等。

四、调车设备

调车方式可分为驼峰调车和平面调车，调车设备也根据调车方式分为驼峰调车设备和平面调车设备。

(一)驼峰调车设备

驼峰是利用车辆的重力和驼峰的势能，辅以机车的推力进行分解车列的一种调车设备。调车机车将车列推上峰顶，摘开车钩后，车组凭借所获得的势能和车辆本身的重力向下溜放。

1. 驼峰的组成

驼峰由推送部分、峰顶平台、溜放部分三部分组成，如图 2-12 所示。

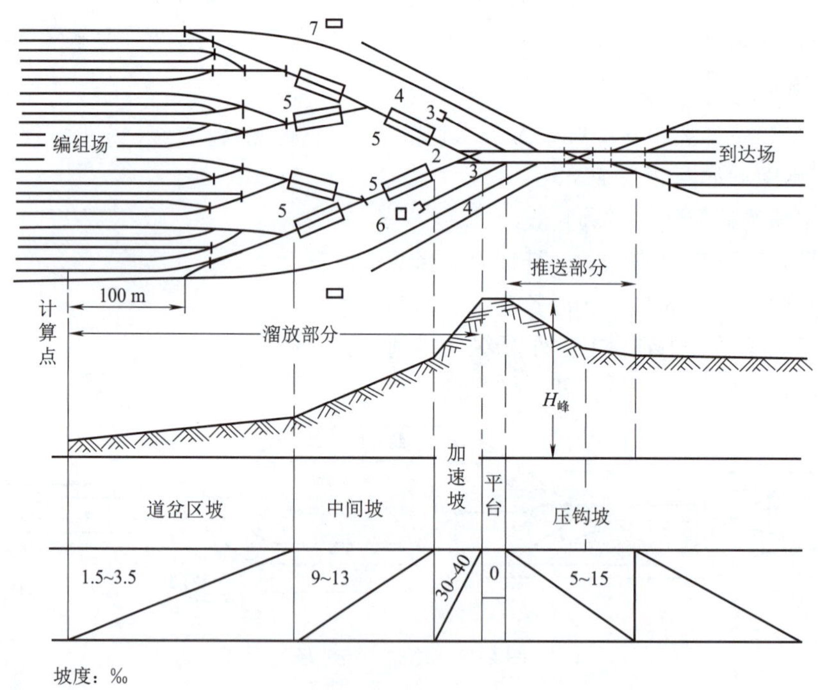

图 2-12 驼峰组成

推送部分是指经驼峰解体的车列其第一钩车位于峰顶时车列全长所在的线路范围。由到达场出口咽喉最外方警冲标(牵出线车挡)至峰顶平台始端间的一段线路叫推送线。靠近峰顶设有 10‰~15‰坡度，其长度不少于 50 m。设置这一部分的目的是使车辆得到必要的位能，并使车钩压紧，便于摘钩。推送部分包括推送坡和压钩坡两坡段。

溜放部分是指由峰顶至调车场头部各股道警冲标后 100 m(机械化驼峰)或 50 m(非机械化驼峰或简易驼峰)处的线路范围。溜放部分包括加速坡、中间坡和道岔区坡。加速坡是从峰顶开始至第Ⅰ制动位始端的一段坡道，目的是使车辆尽快加速，保证车组之间的间隔。中间坡，是由第Ⅰ制动位始端至第Ⅱ制动位末端间的一段坡道，这段坡道使难行车保持高速溜行，平稳进入道岔区段，并要求减速器制动后，如车辆停在减速器上，减速器缓解后能自行溜走。因此，这一段坡度应不少于8‰。

道岔区坡是指由第Ⅱ制动位末端至计算点间的一段坡道，它可使车辆克服道岔区的各种阻力，保持原来速度运行，不会造成车组压岔追尾，并以较高的速度通过道岔区段。

峰顶平台是指推送部分与溜放部分的连接处设有的一段平坦地段，净平台的长度为7.5～10 m。

2. 驼峰的分类

驼峰可分为简易驼峰、半自动化驼峰，自动化驼峰三类。

(1)简易驼峰

简易驼峰目前已被停用淘汰。

(2)半自动化驼峰

半自动化驼峰的调车场头部采用对称线束布置；道岔采用自动集中；溜放部分一般设有二级制动减速器和测速、测重、测长等检测设备。车辆溜放速度为半自动控制，调车线内采用加速器和减速顶或绳索牵引小车，构成点连式调速。

调速设备包括减速设备、加速设备、止轮设备、加减速设备。

测速雷达是测量驼峰车辆溜放速度，将测得的车辆速度反馈给车辆减速器的计算机控制系统，为控制车辆提供技术参数。

测重设备用于测定溜放车组重量，供驼峰细放速度控制机确定减速器制动等级。

测长设备主要用于测定调车线上停留车位置，即线路空间长度，以提供给控制计算机用来确定车辆通过减速器后的出口速度。此外编制调车作业计划也需要长度信息，以确认线路尚能存放多少车辆。

计轴设备用来记录通过峰顶车辆数，如车轮传感器等判明前后车组分钩的测量设备，如光挡等测定溜放车组走行阻力和风速风向的气象设备。

(3)自动化驼峰

自动化驼峰的调车场头部采用对称线束布置，道岔自动集中，一般设三缓制动减速器，采用计算机控制调车机车自动遥控设备，自动提钩，摘软管设备，道岔转换设备，车辆放速度自动控制设备。还设有测重、测速、测长、测阻、测风设备，调车线内采用减速顶或绳索牵引小车，组成计算机控制的点连式两速系统。

自动化驼峰除有更合理的线路平、纵断面外，还在半自动化驼峰的基础上增加了以下主要设备：

①驼峰调车机车推峰速度自动控制设备。调车机车推峰速度自动控制系统由驼峰电子计算机自动控制设备和调车机车内的无线接收机、发射机、速度控制设备以及相关的地面信号联锁设备组成。

②车辆溜放进路自动控制设备。该设备采用道岔自动集中控制，由驼峰值班员将车列解体的钩计划事先办理储存手续，数字电子计算机自动控制驼峰放进路，即列车解体作业开始后随着车组面放，控制分路道岔自动适时转换。

③车辆溜放速度自动控制设备。该设备包括减速器、减速顶、绳重牵引小车、测速、测

重、长、测阻、测风等设备。

④系统控制计算机、I/O接口、电源及外围设备。

⑤提钩摘管自动化设备。自动提钩管是由电子计算机控制的机械手来完成的，其主要设备包括：

a. 电子计算机，是根据解体作业计划确定每一车组脱钩点的软设备以及控制机械手的终端设备。

b. 机械手，能在电子计算机的控制下，往返移动，在溜入车组到达脱钩点前自动将车钩提开，并护送至脱钩点。

c. 监督设备，是为观察、监督电子计算机控制机械手工作情况设置的文字、图像显示器及键盘打印机，必要时可通过显示器或键盘打印机实现人机对话或下达指令（如变更计划、修改错误等）。

d. 控制计算机，根据解体作业计划等因素，计算每钩车脱钩点距峰顶的长度，通过机械手控制装置使机械手自动提钩。

（二）平面调车设备

除利用驼峰调车设备进行的调车作业外的其他调车作业均为平面调车。平面调车是最基本的调车作业方式，在全路总的调车作业中占有相当大的比重。平面调车作业的主要设备为牵出线及相关信号控制设备。

牵出线是指设在调车场的一端或两端，与调车场相连接，用于列车解体、编组、转线等调车作业的线路。

1. 牵出线设置坡度要求

平面牵出线：靠机车推力进行，设在不大于2.5‰的面向调车线的下坡道或平道上。

坡度牵出线：以机车推力为主，车辆重力为辅而进行的，其坡度根据需要确定。

2. 牵出线设置曲线要求

牵出线设置应有良好的瞭望条件，一般设在直线上。在困难条件下，办理解编作业的调车牵出线可设在半径不小于1 000 m的曲线上；在特别困难的条件下，曲线半径不应小于600 m。办理摘挂、取送作业的货场或其他厂、段的牵出线，在特别困难的条件下，可设在半径不小于300 m的曲线上。牵出线不得设在反向曲线上。

3. 牵出线与邻线间隔的规定

牵出线与其相邻线间的距离应为6.5 m，牵出线的中心线至路肩边缘的宽度不得小于3.5 m，以保证调车人员上下作业安全。

4. 利用正线或岔线作牵出线的规定

在行车量不大或车站作业量较小的中间站可利用正线或岔线进行调车作业，但其平纵断面及视线等条件应适应调车作业的要求，曲线半径应不小于300 m，坡度不大于6‰。为减少越出站界占用区间调车作业次数，进站信号机位置可适当外移，外移距离不应超过400 m。

5. 牵出线长度的规定

（1）中间站牵出线的有效长度一般情况下不小于该区段运行的货物列车长度的一半，在困难条件下不小于200 m。

(2)区段站调车场两端一般各设有一条牵出线，其中主要牵出线的有效长度不小于到发线的有效长度；次要牵出线的有效长度不小于到发线有效长度一半。

(3)编组站牵出线有效长度不小于旅客列车到发线有效长度。

调车场与出发场纵列配置的编组站，其尾部道岔至出发场进场咽喉最外道岔之间具有半个列车长度(不包括预留增加线路和延长线路的长度)的无岔区段作为牵出线使用，以满足调车作业的需要。

列车解编作业用的牵出线的有效长度为到发线有效长度再加 30 m 安全距离。

(4)客运站与客车整备站横列配置时，设置牵出线。客运站牵出线的有效长度不小于旅客列车到发线有效长度。货运站牵出线的有效长度不小于列车长度的一半；货场牵出线的有效长度不小于 200 m。

第二节　信号、联锁、闭塞设备

一、信号的分类

(一)信号的基本概念

信号是指示列车运行及调车作业的命令，它通过音响、颜色、形状、位置、灯光等来表示，有关行车人员必须严格执行。

信号显示方式及使用方法，应按《技规》规定执行。《技规》以外的信号显示方式，须经国铁集团批准，方可采用。各种信号机和表示器的灯光排列、颜色和外形尺寸，必须符合国家标准、铁道行业标准及国铁集团规定的标准。地区性联系用的手信号不便于统一，由铁路局集团公司批准。

铁路运输需高度集中和统一指挥才能保证列车按规定的速度，安全、迅速和不间断地运行。信号在这一过程中起着传递信息、准确预告运行条件的重要作用，所以要求行车有关人员必须严格按信号的指示进行工作，任何单位、个人不得违反。

(二)信号的分类

1. 按感官分类

(1)视觉信号

视觉信号是以信号的颜色、形状、位置、显示数目和灯光状态等表达某种意义。如：信号机、信号旗、信号灯、信号牌、信号表示器、信号标志、火炬等显示的信号。

视觉信号的基本颜色及要求：

红色——停车；

黄色——注意或减低速度；

绿色——按规定速度运行。

(2)听觉信号

听觉信号是以不同的器具发出的音响及音响长短等表达的信号。如：号角、口笛、响墩发出的音响和机车、自轮运转特种设备的鸣笛声。

2. 按使用时间分类

(1)昼间信号

昼间信号根据信号设备的不同形状、数目或位置来表示信号的意义。如:信号旗、臂板信号机的臂板等。

(2)夜间信号

夜间信号根据信号设备的不同灯光颜色或数量来表示信号的意义。如:信号机、臂板信号机的灯光等。

(3)昼夜通用信号

昼间通用信号在昼间及夜间,信号显示方式一致。如:色灯信号机的灯光显示等。

在昼间或在昼间遇降雾、暴风雨雪等情况时,昼间信号达不到规定的显示距离时,应使用夜间信号。隧道内光线较暗,采用昼间信号不易瞭望,故隧道内只采用夜间或昼夜通用信号。

3. 按设置方式分类

按设置方式,铁路信号可分为固定信号、移动信号。

(1)固定信号

信号的设置地点是固定不变的,如信号机、信号表示器等。

(2)移动信号

随着作业地点或作业人员位置的变化,信号显示的位置也随着变化。如:手信号旗(灯)、临时防护信号、火炬等。

4. 固定信号的分类

(1)按设置部位分类,固定信号可分为地面信号和机车信号。

(2)按信号机类型分类,固定信号机可分为色灯信号机、臂板信号机和机车信号机。

(3)按用途分类,固定信号可分为信号机、信号表示器和信号标志等。

①信号机按用途又可分为进站、出站、通过、进路、预告、接近、遮断、驼峰、驼峰辅助、复示、调车信号机。

②信号表示器分为道岔、脱轨、进路、发车、发车线路、调车及车挡表示器。

③信号标志主要包括警冲标、站界标、司机鸣笛标、机车停车位置标和接触网终点标等。

二、信号机的设置、编号及显示距离

(一)信号机的设置位置

1. 信号机应设在列车运行方向的左侧或其所属线路的中心线上空,反方向运行进站信号机可设在列车运行方向的右侧;其他特殊地段因条件限制,需设于右侧时,须经铁路局集团公司批准。

2. 在确定设置信号机地点时,除满足信号显示距离的要求外,还应考虑到该信号机不致被误认为邻线的信号机。

3. 信号机的设置应保证信号机显示红灯时,司机确认信号后可以保证在信号机前停车。

4. 对特殊位置设置和特殊显示的信号机应纳入《站细》明确。

(二)信号机的编号

1. 进站、出站信号机

上行用 S(指示上行的列车运行),下行用 X(指示下行的列车运行)。

2. 接车、发车进路信号机

(1)接车进路信号机上行用 SL,下行用 XL;有数架时,加以顺序号,上行取双数,下行取单数。

(2)发车进路信号机上行用 S,下行用 X,在字母后先加车场号,再在右下角加股道号。

3. 调车信号机

在 D 字右下角加以顺序号,上行用双号,下行用单号,有数个车场时以百位数表示车场号。

4. 预告信号机

以 Y 表示,加在主体信号机名称前。

5. 复示信号机

以 F 字加在主体信号机前。

6. 区间通过信号机

以近似百公里数值编号,上行编为双号,下行编为单号。

(三)信号机显示距离

信号的显示距离,是指从机车上能够连续确认的显示距离。

1. 进站、通过、接近、遮断信号机,不得小于 1 000 m。

2. 高柱出站、高柱进路信号机,不得小于 800 m。

3. 预告、驼峰、驼峰辅助信号机,不得小于 400 m。

4. 调车、矮型出站、矮型进路、复示信号机,容许、引导信号及各种表示器,不得小于 200 m。

在地形、地物影响视线的地方,进站、通过、接近、预告、遮断信号机的显示距离,在最坏的条件下,不得小于 200 m。

三、固定、移动信号及信号表示器的显示及意义

(一)固定信号显示意义

1. 进站色灯信号机

三显示自动闭塞、半自动闭塞、自动站间闭塞区段进站色灯信号机:

(1)一个绿色灯光——准许列车按规定速度经正线通过车站,表示出站及进路信号机在开放状态,进路上的道岔均开通直向位置,如图 2-13 所示。

(2)一个绿色灯光和一个黄色灯光——准许列车经道岔直向位置,进入站内越过次一架已经开放的信号机准备停车,如图 2-14 所示。

(3)一个黄色灯光——准许列车经道岔直向位置,进入站内正线准备停车,如图 2-15 所示。

(4)一个黄色闪光和一个黄色灯光——准许列车经 18 号及以上道岔侧向位置,进入站内越过次一架已经开放的信号机且该信号机防护的进路经道岔直向位置或 18 号及以上道岔侧向位置,如图 2-16 所示。

图 2-13　进站信号机(一绿灯)

图 2-14　进站信号机(一绿一黄灯)

图 2-15　进站信号机(一黄灯)

图 2-16　进站信号机(一黄闪加一黄灯)

(5)两个黄色灯光——准许列车经道岔侧向位置[但不满足上述第(4)项条件]进入站内准备停车,如图 2-17 所示。

(6)一个红色灯光——不准列车越过该信号机,如图 2-18 所示。

图 2-17　进站信号机(两黄灯)

图 2-18　进站信号机(一红灯)

四显示自动闭塞区段进站色灯信号机：

(1)一个绿色灯光——准许列车按规定速度经道岔直向位置进入或通过车站，表示运行前方至少有三个闭塞分区空闲，如图 2-13 所示。

(2)一个绿色灯光和一个黄色灯光——准许列车按规定速度经道岔直向位置进入站内，表示次一架信号机经道岔直向位置开放一个黄灯，如图 2-14 所示。

(3)一个黄色灯光——准许列车按限速要求经道岔直向位置进入站内正线准备停车，如图 2-15 所示。

(4)一个黄色闪光和一个黄色灯光——准许列车经 18 号及以上道岔侧向位置，进入站内越过次一架已经开放的信号机且该信号机防护的进路经道岔直向位置或 18 号及以上道岔侧向位置，如图 2-16 所示。

(5)两个黄色灯光——准许列车按限速要求越过该信号机，经道岔侧向位置[但不满足上述第(4)项条件]进入站内准备停车，如图 2-17 所示。

(6)一个红色灯光——不准列车越过该信号机，如图 2-18 所示。

进站及接车进路、接发车进路色灯信号机的引导信号显示一个红色灯光及一个月白色灯光——准许列车在该信号机前方不停车，以不超过 20 km/h 速度进站或通过接车进路，并须准备随时停车，如图 2-19 所示。

图 2-19 进站信号机（一红及一月白灯）

2. 出站色灯信号机

半自动闭塞或自动站间闭塞区段：

(1)一个绿色灯光——准许列车由车站出发，如图 2-20 所示。

(2)两个绿色灯光——准许列车由车站出发，开往次要线路，如图 2-21 所示。

图 2-20 出站信号机(一绿灯)

图 2-21 出站信号机(两绿灯)

(3)一个红色灯光——不准列车越过该信号机，如图 2-22 所示。

(4)在兼作调车信号机时，一个月白色灯光——准许越过该信号机调车，如图 2-23 所示。

三显示自动闭塞区段：

(1)一个绿色灯光——准许列车由车站出发，表示运行前方至少有两个闭塞分区空闲，如图 2-24 所示。

(2)一个黄色灯光——准许列车由车站出发,表示运行前方有一个闭塞分区空闲,如图 2-25所示。

图 2-22　出站信号机(一红灯)

图 2-23　出站信号机(一月白灯)

图 2-24　出站信号机(一绿灯)

图 2-25　出站信号机(一黄灯)

(3)两个绿色灯光——准许列车由车站出发,开往半自动闭塞或自动站间闭塞区间,如图 2-26 所示。

(4)一个红色灯光——不准列车越过该信号机,如图 2-27 所示。

图 2-26　出站信号机(两绿灯)

图 2-27　出站信号机(一红灯)

(5)在兼作调车信号机时,一个月白灯光——准许越过该信号机调车,如图 2-28 所示。

图 2-28　出站兼调车信号机(一月白灯)

四显示自动闭塞区段:

(1)一个绿色灯光——准许列车由车站出发,表示运行前方至少有三个闭塞分区空闲,如图 2-29 所示。

(2)一个绿色灯光和一个黄色灯光——准许列车由车站出发,表示运行前方有两个闭塞分区空闲,如图 2-30 所示。

图 2-29　出站信号机(一绿灯)

图 2-30　出站信号机(一绿一黄灯)

(3)一个黄色灯光——准许列车由车站出发,表示运行前方有一个闭塞分区空闲,如图 2-31所示。

(4)两个绿色灯光——准许列车由车站出发,开往半自动闭塞或自动站间闭塞区间,如图 2-32 所示。

图 2-31　出站信号机(一黄灯)

图 2-32　出站信号机(两绿灯)

(5)一个红色灯光——不准列车越过该信号机,如图 2-33 所示。

(6)在兼作调车信号机时,一个月白色灯光——准许越过该信号机调车,如图 2-34 所示。

图 2-33　出站信号机(一红灯)

图 2-34　出站兼调车信号机(一月白灯)

3. 通过色灯信号机

半自动闭塞及自动站间闭塞区段:

(1)一个绿色灯光——准许列车按规定速度运行。

(2)一个红色灯光——不准列车越过该信号机。

三显示自动闭塞区段:

(1)一个绿色灯光——准许列车按规定速度运行,表示运行前方至少有两个闭塞分区空闲,如图 2-35 所示。

(2)一个黄色灯光——要求列车注意运行,表示运行前方有一个闭塞分区空闲,如图 2-36所示。

(3)一个红色灯光——列车应在该信号机前停车,如图 2-37 所示。

图 2-35　(一绿灯)

图 2-36　(一黄灯)

图 2-37　(一红灯)

四显示自动闭塞区段:

(1)一个绿色灯光——准许列车按规定速度运行,表示运行前方至少有三个闭塞分区空闲,如图 2-38 所示。

(2)一个绿色灯光和一个黄色灯光——准许列车按规定速度运行,要求注意准备减速,表示运行前方有两个闭塞分区空闲,如图 2-39 所示。

(3)一个黄色灯光——要求列车减速运行，按规定限速要求越过该信号机，表示运行前方有一个闭塞分区空闲，如图 2-40 所示。

(4)一个红色灯光——列车应在该信号机前停车，如图 2-41 所示。

图 2-38　(一绿灯)

图 2-39　(一绿一黄灯)

图 2-40　(一黄灯)

图 2-41　(一红灯)

(二)移动信号显示意义

移动信号显示方式如下：

1. 停车信号

昼间——表面有反光材料的红色方牌；夜间——柱上红色灯光，如图 2-42 所示。

2. 减速信号

(1)表面有反光材料的黄底黑字圆牌，标明列车限制速度，如图 2-43 所示。

(2)施工及其限速区段，在减速信号牌外方增设的特殊减速信号牌为表面有反光材料的黄底黑“T”字圆牌，如图 2-44 所示。

图 2-42　停车信号

图 2-43　减速信号 1

图 2-44　减速信号 2

(三)信号表示器显示意义

1. 道岔表示器的显示方式如下：

(1)昼间无显示；夜间为紫色灯光——表示道岔位置开通直向，如图 2-45 所示。

(2)昼间为中央划有一条鱼尾形黑线的黄色鱼尾形牌；夜间为黄色灯光——表示道岔位置开通侧向，如图 2-46 所示。

图 2-45　道岔位置开通直向

图 2-46　道岔位置开通侧向

2. 脱轨表示器的显示方式如下：

(1)带白边的红色长方牌及红色灯光——表示线路在遮断状态，如图 2-47 所示。

(2)带白边的绿色圆牌及月白色灯光——表示线路在开通状态，如图 2-48 所示。

图 2-47　线路遮断状态

图 2-48　线路开通状态

3. 进路表示器：在其主体信号机开放时点亮，用于区别进路开通方向或双线区段反方向发车，不能独立构成信号显示。

(1)两个发车方向，当信号机在开放的条件下，分别按左、右两个白色灯光，区别进路开通方向，如图 2-49 所示。

图 2-49　两个方向进路开通

(2)三个发车方向,其显示方式如下:

①信号机在开放状态及表示器左方显示一个白色灯光——表示进路开通,准许列车向左侧线路发车,如图 2-50 所示。

②信号机在开放状态及表示器中间显示一个白色灯光——表示进路开通,准许列车向中间线路发车,如图 2-51 所示。

③信号机在开放状态及表示器右方显示一个白色灯光——表示进路开通,准许列车向右侧线路发车,如图 2-52 所示。

图 2-50　左侧线路发车

图 2-51　中间线路发车

图 2-52　右侧线路发车

四、联锁、闭塞设备分类

(一)联锁、闭塞概念

为了保证行车安全,车站上的道岔与信号机之间、信号机与信号机之间必须建立一种互相依存,互相制约的关系,这种关系就叫联锁。实现联锁关系的技术装备就叫联锁设备。

信号设备联锁关系的临时变更或停止使用,须经铁路局集团公司批准。

为了保证列车运行安全,在同一区间,同一时间之内只准许一个列车占用(占用包括两层含义:其一,列车已经进入区间;其二,列车虽未进入区间,但已取得占用区间的许可)。为了达到这一技术要求而采取的方法就叫闭塞。

(二)联锁、闭塞设备分类

联锁设备分为集中联锁(计算机联锁和继电联锁)和非集中联锁(色灯电锁器联锁和臂板电锁器联锁)。编组站、区段站和电源可靠的其他车站,采用集中联锁。列车调度指挥系统(TDCS)和调度集中系统(CTC)区段,车站应采用集中联锁。

闭塞设备分为自动闭塞、自动站间闭塞和半自动闭塞。具体设置条件如下:

1. 在单线区段,应采用半自动闭塞或自动站间闭塞,繁忙区段可根据情况采用自动闭塞;
2. 在双线区段,应采用自动闭塞。

第三节　机车车辆及限界

一、机车、车辆、动车组的类型、标记及意义

机车是牵引或推送铁路车辆运行的动力。铁路车辆是运送旅客、装运货物或其他特殊

用途的运载工具。机车车辆是铁路运输体系中必不可少的重要元素，所有铁路运输均需依靠机车车辆的移动来进行。

(一)机车类型

铁路机车按牵引动力分为：内燃机车和电力机车。

铁路机车按其用途分为：货运机车、客运机车和调车机车。

1. 内燃机车

(1)内燃机车的组成

内燃机车一般由以下主要部分组成：柴油机、传动装置、走行部、车体车架、车钩缓冲装置、制动系统。

(2)内燃机车工作原理

内燃机车电传动原理为：柴油机→发电机→整流(变流)装置→电动机→车轮。

2. 电力机车

(1)电力机车构造

①机械部：车体、转向架。

②电气部：各种电气设备及连线，主要有受电弓、主断路器、主变压器、牵引电动机、变流装置、平波电抗器、司机控制器。

③空气管路系统：空气系统、控制系统、辅助系统。

(2)电力机车工作原理

电力机车电传动原理为：接触网→受电弓→主断路器→主变压器→变流装置→平波电抗器→牵引电动机→车轮。

(二)机车型号

1. 内燃机车

内燃机车主要型号有东风型系列(图 2-53)、ND_5 型(直流传动)(图 2-54)，HXN_3 型(图 2-55)、HXN_5 型(交流传动)(图 2-56)等。

图 2-53 DF_{11} 型内燃机车

图 2-54 ND_5 型内燃机车

图 2-55 HXN_3 型内燃机车

图 2-56 HXN_5 型内燃机车

我国目前在用的内燃机车见表 2-3。

表 2-3 内燃机车重量和长度

种 类	机 型	自重(t)	换算长度	备 注
内燃	DF_{4}、DF_{4B}、DF_{4C}、DF_{4D}	127	1.9	
	DF_{5}、DF_{7}、DF_{7B}、DF_{7C}	130	1.7	
	DF_{7D}	132	1.7	山区型自重 127 t,双司机室机车换长 1.8
	DF_{7E}	145	1.8	
	DF_{7G}	132	1.8	
	DF_{8}	130	2.0	
	DF_{8B}	131	2.0	25 t 轴重 DF_{8B} 自重 139 t
	DF_{11}	133	1.9	
	DF_{11G}	133	2.0	
	DFH_{2}	58	1.2	
	DFH_{3}	84	1.7	
	DFH_{5}	81	1.4	
	BJ	84	1.5	
	ND_{2}	114	1.6	
	ND_{3}	122	1.7	
	ND_{5}	126	1.8	
	NY_{6}、NY_{7}	124	2.1	
	HXN_{5}	150	2.1	
	HXN_{3}	150	2.0	
	NJ_{2}	138	1.9	

2. 电力机车

电力机车主要型号有韶山型系列(直流传动)(图 2-57),和谐型 HXD_{1} 系列(图 2-58)、HXD_{2} 系列(图 2-59)、HXD_{3} 系列(交流传动)(图 2-60)等。

图 2-57 SS_{9} 型电力机车

图 2-58 HXD_{1} 型电力机车

图 2-59 HXD_{2} 型电力机车

图 2-60 HXD_{3} 型电力机车

我国目前在用的电力机车见表 2-4。

表 2-4 电力机车重量和长度

种类	机型	自重(t)	换算长度	备注
电力	SS_1	137	1.9	
	SS_{3B}	276	4.0	按双节计算
	SS_4	184	3.0	按双节计算
	SS_3、SS_6、SS_{6B}、SS_7、SS_{7B}、6K	138	2.0	
	SS_{7C}	132	2.0	
	SS_{7D}、SS_{7E}、SS_9	126	2.0	
	SS_8	87/89	1.6	无列车供电/有列车供电
	8G、DJ_1	184	3.2	按双节计算
	8K	184	3.4	按双节计算
	HXD_1	200	3.2	按双节计算
	HXD_2	200	3.5	按双节计算
	HXD_{1B}、HXD_{2B}、HXD_{3B}	150	2.1	
	HXD_{1C}、HXD_{2C}	138/150	2.1	
	HXD_3、HXD_{3C}	138/150	1.9	
	HXD_{1D}、HXD_{3D}	126	2.1	

(三)车辆的分类及标记

1. 车辆分类

铁路车辆按其用途不同分为客车和货车及特种用途车三大类。

(1)客车按其用途不同分为运送旅客的车辆和为旅客服务的车辆。

运送旅客的车辆如:硬座车 YZ、软座车 RZ、硬卧车 YW、软卧车 RW、双层硬座车 SYZ、双层软座车 SRZ;双层硬卧车 SYW、双层软卧车 SRW、一等座车 ZY、二等座车 ZE。

为旅客服务的车辆如:餐车 CA、双层餐车 SCA、行李车 XL 等。

将两个车种的设备安装在一辆客车内,这种车辆称为合造车。如一辆客车内,一部分是软席座椅,另一部分是硬席座椅(RYZ)。此外还有软硬卧车(RYW)、软座餐车(RCA)及行李邮政车(XUZ)等。

(2)货车按其用途不同可分为通用货车和专用货车。

通用货车能装运多种货物,具有通用性,如:敞车 C、棚车 P、平车 N 等。

专用货车是指运输某一种货物的车辆,如:罐车 G、冷藏车 B、集装箱车 X、矿石车 K、长大货物车 D、毒品车 W、家畜车 J、水泥车 U、粮食车 L。

特种用途车是指不直接乘坐旅客或装运货物,而用作其他特殊用途的车辆如试验车、发电车、轨道检查车、检衡车等。

2. 车辆标记及意义

车辆标记有普通标记和特殊标记。

(1)普通标记及意义

路徽:凡国铁集团所属车辆,均涂打路徽,以区别企业自备车和外国车辆。

车号：是识别车辆的基本记号，它由三部分组成。基本型号：表示车辆的种类。用汉语拼音表示辅助型号：表示车辆的构造型式，用阿拉数字标在基本型号的右下角。如 P_{60} 表示该棚车是 60 型的构造。号码表示车辆的顺序号码。

载重：表示车辆容许载重量，通常为车辆标记载重量，以吨位单位。如在载重后有禁增记号的，表示不能增载。

自重：表示车辆未装货物本身的重量，以 t 为单位。

容积：是货车内部可容纳货物的体积，以 m^3 为单位。

换长：车辆两端钩舌内侧间的水平距离除以 30 t 标准长度货车的长度 11 m 所得的数字，通常运来计算列车的总长。

定位：表示货车的方位。制动缸活舌杆推出的方向为 1 位、另一端为 2 位，货车的车轴、车轮、轴箱、车钩、转向架和其他零件，均由 1 位开始向 2 位顺序编号。若有左右对称的零件时，左侧为单号，右侧为双号。

定检标记：表示货车厂修、段修、辅修和轴检的时间和单位，及下次应检修的时间。

(2)特殊标记及意义

表示货车的特殊构造及用途，主要有以下几种：

人字标记：表示该车内设有床托，可利用床托搭床板；车顶中央有烟囱口，可安装火炉，车内为竹或木地板，车体两侧有较多的车窗，能通风换气；有的车上设有电源连接器座、便器等；必要时可以代替客车输送人员。

环形标记：表示车内设有拴马环或拦马杆座，可以运送牲畜。

国际联运标记：表示该车辆各部分符合国际联运的要求，可以参加国际联运。

禁止通过设有驼峰的减速器标记：表示该车辆的下部尺寸与设有驼峰的减速器尺寸相抵触，或受车内设备的限制等，禁止车辆通过设有减速器的驼峰。

关字标记：表示部分有活动墙板的平车，装、卸货物后必须将活动墙板关好。

卷字标记：表示该车辆(部分敞车、矿石车等)两侧梁端部设有挂卷扬机钢丝绳的挂钩(牵引钩)，以便进行卷扬倒车。

集中载重标记：标记载重≥60 t 的平车，长大货物车等，应在车底架两侧涂刷集中载重标记，标明车辆中部一定尺寸范围内的允许载重量。

毒品专用车：在毒品车车门上，涂打“毒品专用车”标记，并在车门左侧的外侧墙上，涂打毒品标志，表示该车辆专门装运农药等有毒货物。

特字标记：表示可以装运坦克及其他重量较大的特殊货物的车辆。

其他标记：白色横线——在车体两墙中央涂以宽 200 mm 的白色横线，表示该车为救援车辆。黄、红包带——装运酸、碱类的罐车和专运危险品的特种车，在车体或罐体的四周涂打 300 mm 宽的色带，剧毒品为黄色，爆炸品为红色，并在色带中间涂打“危险”二字。

(四)动车组的类型及意义

1. 高速铁路

高速铁路是指新建线路允许速度达到 250 km/h 及以上，或通过既有线改造，线路允许速度达到 200 km/h 及以上的铁路。

2. 和谐号动车组分类及型号

和谐号动车组简写为 CRH(China Railway Highspeed)，是时速 200 km/h 以上的高速

列车。目前已有型号有 CRH1、CRH2、CRH3、CRH5、CRH6、CRH380 系列。

CRH1、CRH2、CRH5 均为 200 km 级别(运营速度 200 km/h,最高速度 250 km/h),其中 CRH2 和 CRH5 具备提速至 300 km/h 的条件。CRH3 为 300 km 级别(运营速度 300 km/h,最高速度 380 km/h)

3. 复兴号分类及型号

复兴号动车组简写为 CR(China Railway),为中国标准动车组,是具有完全自主知识产权、达到世界先进水平的动车组列车。

目前,复兴号动车组已有 CR400AF、CR400BF、CR300AF、CR300BF、CR200J 等型号。

命名方式上,数字 400、300、200 指速度等级,分别指代时速 350 km、250 km、160 km;"A"和"B"则是生产厂家标识;"F"和"J"是技术类型代码,前者为动力分散式、后者为动力集中式。

二、车辆的组成部分及作用

(一)车辆的组成部分

车辆由下列五个基本部分构成:车体、车内设备、走行装置、车钩缓冲装置、制动装置。

(二)车辆各部分的作用

1. 车体

车体是运送旅客和装载货物的部分,车底架是车体的基础。车体包括地板以下的端板、侧板、顶棚及其附属装置。

2. 车内设备

客车车内设备是为了旅客旅行的舒适、方便所提供的必要设备,如给水设备、空调取暖设备、车电设备、坐卧设备等。

货车车内设备是为了货物装卸方便、运载安全和特殊要求安装的设备。一般货车车内设备要比客车少得多。如冷藏车有升、降温设备,罐车有装、卸油设备和安全装置,自卸车有手动、液压或风动卸车设备等。

3. 走行装置

走行装置具有导向和传递重量两个作用。它应保证车辆以最小阻力在轨道上运行,并能顺利通过曲线。走行部是否能够保持良好状态,对于车辆能否安全、平稳、高速运行有很大影响。我国车辆的走行装置多数由两台相同并独立的二轴转向架组成。

4. 车钩及缓冲装置

车钩是车钩缓冲器的主要部件,用以实现车辆的连挂、摘解和传递牵引力和冲击力。车钩由钩头、钩身和钩尾三个部分组成。钩头里装有钩舌、钩舌销、钩提销、钩舌推铁和钩锁铁等零部件。

5. 制动装置

制动装置是使用外力迫使运行中的机车车辆减速停车的一种设备。对正在制动的列车解除或减弱其制动作用,则称为"缓解"。

三、自动空气制动机

制动装置由制动机、人力制动机、基础制动装置组成。

自动空气制动机的工作原理为：当司机将制动阀移到制动位时，制动主管内的压缩空气向大气排出一部分，这时副风缸内的空气压力相对地大于制动主管内的压力，因而推动三通阀的主活塞向左移动，截断充气沟的通路，使副风缸内的压缩空气不能回流。在三通阀主活塞移动的同时带动滑阀也向左移动，截断了通向大气的出口，使副风缸内的压缩空气进入制动缸，推动制动缸活塞向右移动，通过制动杆的传动，使闸瓦紧抱车轮而制动。

四、人力制动机的作用、类型及使用方法

(一)人力制动机的类型及作用

1. 人力制动机的类型

人力制动机的类型有链条式、螺旋式、掣轮式、脚踏式。

2. 人力制动机的作用

(1)在列车编组、解体等调车作业时，用以调速或停车。

(2)当空气制动失去作用时，用以代替空气制动。

(3)当车列或车辆停留在线路上时，用以防止车辆发生溜逸。

(二)人力制动机的使用方法

1. 人力制动机是指装在车辆上以人力作为产生制动力原动力的部分。它是用人力代替压缩空气，带动基础制动装置动作，使闸瓦压紧车轮，产生制动作用的一种装置。但其产生的制动力比空气制动时的制动力要小得多，制动过程也很缓慢，因此，只有在不能使用空气制动机的情况下才使用人力制动机。

2. 人力制动机选闸位、选闸型。选闸位：制动人员对分工制动的车组，应根据“六选、六不选”的原则，即“选标不选杂，选前不选后，选重不选空，选大不选小，选双不选单，选高不选低。”选闸型：在选闸位的同时，要挑选闸型，首先选用链条闸，其次选用螺丝闸，并检查拉杆，调整闸链。

3. 旅客列车的使用。当列车运行中发生自动制动机及车厢无动力(无机车牵引或机车故障)须制动时使用。听到机鸣示三短声，就需要将制动机旋紧，以防车厢溜动。机车鸣笛三短声拧紧人力制动机的信号，要求停车后就地制动时，列车乘务员应在指挥下，迅速拧紧人力制动机。列车制动后，各车厢列车乘务员要坚守岗位，看守车门，禁止旅客上下车，确保安全。

五、机车车辆限界相关知识

(一)机车车辆限界的定义

机车车辆限界是指机车车辆横断面不容许超越的最大轮廓尺寸。为了确保机车车辆在铁路上运行的安全，防止机车车辆撞上邻近的建筑物或其他设备，《技规》中规定了机车车辆限界，如图 2-61 所示。机车车辆无论在空、重车状态，均不得超过机车车辆限界。

同时，当机车车辆通过线路的曲线区段时，机车车辆上任何部分也不允许超出建筑接近限界以外。所以，设计机车车辆时，要进行曲线通过计算，以判明机车车辆在最小曲线半径上通过时，车体是否与建筑物或与其相交会的机车车辆相接触。铁路限界和安全空间如图 2-62 所示。

(二)机车车辆限界的具体尺寸

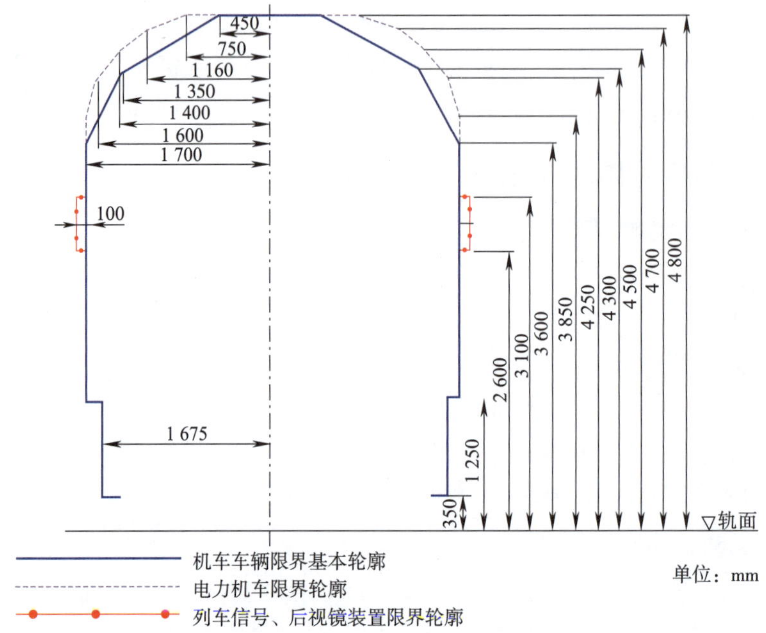

图 2-61　客货共线铁路机车车辆上部限界

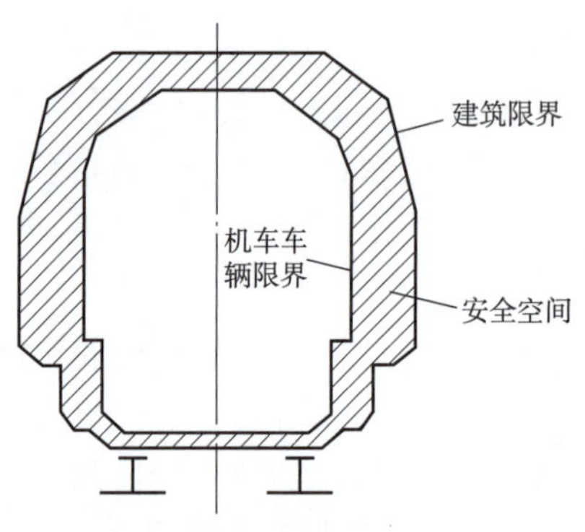

图 2-62　铁路限界和安全空间

第四节　手信号、听觉信号

一、调车手信号显示方式及意义

(一)调车手信号的显示方式如下:

1. 停车信号

昼间——展开的红色信号旗。

夜间——红色灯光。

昼间无红色信号旗时,两臂高举头上向两侧急剧摇动;夜间无红色灯光时,用白色灯光上下急剧摇动。

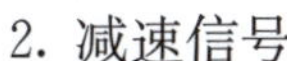

2. 减速信号

昼间——展开的绿色信号旗下压数次。

夜间——绿色灯光下压数次。

3. 指挥机车向显示人方向来的信号

昼间——展开的绿色信号旗在下部左右摇动。

夜间——绿色灯光在下部左右摇动。

4. 挥机车向显示人方向稍行移动的信号

昼间——拢起的红色信号旗直立平举，再用展开的绿色信号旗左右小动。

夜间——绿色灯光下压数次后，再左右小动。

5. 指挥机车向显示人反方向去的信号

昼间——展开的绿色信号旗上下摇动。

夜间——绿色灯光上下摇动。

6. 指挥机车向显示人反方向稍行移动的信号

昼间——拢起的红色信号旗直立平举，再用展开的绿色信号旗上下小动。

夜间——绿色灯光上下小动。

对显示《技规》第 440 条第 2、3、4、5、6 款中转信号时，昼间可用单臂，夜间可用白色灯光依式中转。

（二）听觉信号的鸣示方式及意义

听觉信号，长声为 3 s，短声为 1 s，音响间隔为 1 s。重复鸣示时，须间隔 5 s 以上。

机车、自轮运转特种设备作业中提示注意、相互联系等应使用通信设备方式。遇联系不通或危及行车人身安全时，应采用鸣笛方式。

1. 机车、自轮运转特种设备鸣笛鸣示方式见表 2-5。

表 2-5　机车、自轮运转特种设备鸣笛鸣示方式表

名　称	鸣示方式	使用时机
注意信号	一长声 —	接近鸣笛标、行人时
退行信号	二长声 — —	列车、机车车辆、单机开始退行，遇通信设备联系不通时
召集信号	三长声 — — —	要求防护人员撤回，遇通信设备联系不通时
牵引信号	一长一短声 — ·	途中本务机车要求补机牵引运行，遇通信设备联系不通时（补机应以同样信号回答）
惰行信号	一长二短声 — · ·	本务机车要求补机惰力推进或要求补机断开主断路器，遇通信设备联系不通时（补机应以同样信号回答）
途中降弓信号	一短一长声 · —	电力机车双机牵引中，本务机车司机要求补机降下受电弓，遇通信设备联系不通时（补机须以同样信号回答）

续上表

名　称	鸣示方式	使用时机
途中升弓信号	一短二长声 · ——	电力机车双机牵引中，本务机车司机要求补机升起受电弓，遇通信设备联系不通时（补机须以同样信号回答）
呼唤信号	二短一长声 · · —	1. 机车要求出入段，遇通信设备联系不通时 2. 在车站要求显示信号，遇通信设备联系不通时
警报信号	一长三短声 — · · ·	发现线路有危及行车安全的不良处所时
试验自动制动机及复示信号	一短声 ·	1. 试验制动机开始减压，遇联系不通时 2. 接到试验制动结束的手信号，回答试风人员，遇联系不通时 3. 调车作业中，表示已接受调车长所发出的手信号，遇联系不通时
缓解及溜放信号	二短声 · ·	1. 试验制动机缓解，遇联系不通时 2. 要求列车乘务组缓解人力制动机，遇通信设备联系不通时 3. 复示溜放调车信号，遇通信设备联系不通时
拧紧人力制动机信号	三短声 · · ·	1. 要求列车乘务组拧紧人力制动机时，遇通信设备联系不通时 2. 要求就地制动时，遇通信设备联系不通时
紧急停车信号	连续短声 · · · · · · · ·	司机发现（或接到通知）邻线发生障碍，向邻线上运行的列车发出紧急停车信号时。邻线列车司机听到此种信号后，应紧急停车

2. 口笛、号角鸣示方式见表 2-6。

表 2-6　口笛、号角鸣示方式

用途及时机	鸣示方式	
发车、指示机车向显示人反方向移动	一 长 声	—
指示机车向显示人方向移动	一短一长声	· —
试验制动机减压	一 短 声	·
试验制动机缓解	二 短 声	· ·
试验制动机结束及安全信号	一短一长二短声	· — · ·
一　道	一 短 声	·
二　道	二 短 声	· ·
三　道	三 短 声	· · ·
四　道	四 短 声	· · · ·
五　道	五 短 声	· · · · ·
六　道	一长一短声	— ·
七　道	一长二短声	— · ·
八　道	一长三短声	— · · ·
九　道	一长四短声	— · · · ·
十　道	二 长 声	— —
二 十 道	二短二长声	· · — —
“十、五、三车”距离信号：十车	三 短 声	· · ·

续上表

用途及时机	鸣示方式	
“十、五、三车”距离信号:五车	二 短 声	· ·
“十、五、三车”距离信号:三车	一 短 声	·
连结及停留车位置	一长一短一长声	—·—
停　　车	连续短声	· · · · · · · ·
要求司机鸣笛	二长三短声	— — · · ·
试　　拉	一 短 声	·
减　　速	连续二短声	· · · ·
溜　　放	三 长 声	— — —
取　　消	二长一短声	— —·
再 显 示	二长二短声	— — · ·
列车接近通报信号:上行	二 长 声	— —
列车接近通报信号:下行	一 长 声	—

二、联系用的手信号显示方式及意义

1. 道岔开通信号:表示进路道岔准备妥当。

昼间——拢起的黄色信号旗高举头上左右摇动;夜间——白色灯光高举头上。

机车出入段进路道岔准备妥当后,显示如下道岔开通信号:

昼间——展开的黄色信号旗高举头上左右摇动;夜间——黄色灯光高举头上左右摇动。

2. 股道号码信号:要道或回示股道开通号码。

一道:昼间——两臂左右平伸;夜间——白色灯光左右摇动。

二道:昼间——右臂向上直伸,左臂下垂;夜间——白色灯光左右摇动后,从左下方向右上方高举。

三道:昼间——两臂向上直伸;夜间——白色灯光上下摇动。

四道:昼间——右臂向右上方,左臂向左下方各斜伸 45°角;夜间——白色灯光高举头上左右小动。

五道:昼间——两臂交叉于头上;夜间——白色灯光作圆形转动。

六道:昼间——左臂向左下方,右臂向右下方各斜伸 45°角;夜间——白色灯光作圆形转动后,再左右摇动。

七道:昼间——右臂向上直伸,左臂向左平伸;夜间——白色灯光作圆形转动后,左右摇动,然后再从左下方向右上方高举。

八道:昼间——右臂向右平伸,左臂下垂;夜间——白色灯光作圆形转动后,再上下摇动。

九道:昼间——右臂向右平伸,左臂向右下斜 45°角;夜间——白色灯光作圆形转动后,再高举头上左右小动。

十道:昼间——左臂向左上方,右臂向右上方各斜伸 45°角;夜间——白色灯光左右摇动后,再上下摇动作成十字形。

十一至十九道，须先显示十道股道号码，再显示所要股道号码的个位数信号。

二十道及其以上的股道号码，各站根据需要自行规定，并纳入《站细》。

3. 连结信号：表示连挂作业。

昼间——两臂高举头上，使拢起的手信号旗杆成水平末端相接；夜间——红、绿色灯光（无绿色灯光的人员，用白色灯光）交互显示数次。

4. 溜放信号：表示溜放作业。

昼间——拢起的手信号旗两臂高举头上交叉后，急向左右摇动数次；夜间——红色灯光作圆形转动。

5. 停留车位置信号：表示车辆停留地点。

夜间——白色灯光左右小摇动。

6. 十、五、三车距离信号：表示推进车辆的前端距被连挂车辆的距离。

昼间——展开的绿色信号旗单臂平伸，夜间——绿色灯光，在距离停留车十车（约 110 m）时连续下压三次，五车（约 55 m）时连续下压两次，三车（约 33 m）时下压一次。

7. 取消信号：通知将前发信号取消。

昼间——拢起的手信号旗，两臂于前下方交叉后，急向左右摇动数次；夜间——红色灯光作圆形转动后，上下摇动。

8. 要求再度显示信号：前发信号不明，要求重新显示。

昼间——拢起的手信号旗右臂向右方上下摇动；夜间——红色灯光上下摇动。

9. 告知显示错误的信号：告知对方信号显示错误。

昼间——拢起的手信号旗两臂左右平伸同时上下摇动数次；夜间——红色灯光左右摇动。

10. 其他：地区性联系用的手信号，由集团公司批准。

《行规》第 162 条　集团公司管内部分联系用的手信号的规定（《技规》第 408 条）

《行细》①第 91 条　集团公司管内部分联系用的手信号的规定（《技规》第 460、484 条）

①《中国铁路成都局集团有限公司高速铁路行车组织细则》，下同。

第三章　专业知识

第一节　调车作业的基本规定

一、调车作业的基本要求、领导和指挥

(一)调车作业基本要求

1. 凡参与调车工作人员应熟练掌握岗位技能,熟悉作业区域、站场设备,严格按照车站技术作业过程与调车作业计划,质量良好地完成调车任务,确保安全。

2. 站段应采取有效措施,保证调车组人员的相对固定与稳定。对于不适宜从事调车工作的人员,应做到有计划地及时调整、补充。

3. 严格无线调车灯显设备的使用。严格执行《行规》关于无线调车灯显设备使用、维修及管理的规定,便携式机控器由车站作业人员负责安置在司机指定的位置。

4. 调车作业时调车作业人员须使用无线调车灯显设备,在作业前做好试机,在作业中严格按联控标准进行调车联控,准确及时地发出灯显信令;灯显设备故障时,应正确、及时的显示调车手信号。调车作业中,需进入车档或车下进行摘结制动软管、调整钩位等作业前,作业人员应使用紧急停车按钮进行防护;发现危及行车和人身安全时,作业人员应使用紧急停车按钮,及时向司机发出停车指令。

5. 调车作业通知单要认真整理保留备查,期限三个月。

6. 调车作业或防溜巡视检查时,相关人员须携带移动记录仪,对调车作业计划、计划传达、平调接口(LKJ 终端显示连结状态)的连结、作业前的检查、推送作业站位、全列试拉、试风作业、连挂状态、驼峰复检作业、防溜措施采取与撤除、防溜巡视检查等关键环节进行拍照或摄录。配备 4G 记录仪的部门,由调车盯控人员及时审核。未配备 4G 记录仪的部门,由车站管理人员每日(班)对本班记录仪数据进行转存,上传音视频管理系统。无法上传音视频管理系统的,车站每日(班)上传站段。记录仪数据保留不少于 1 个月。

(二)调车作业的领导和指挥

1.《技规》规定,车站调车工作时,调车领导人只能由调车作业站(场)的车站调度员、车站值班员、调车区长担当。

2. 调车作业由调车长单一指挥。利用本务机车进行调车作业时,可由车站值班员或助理值班员(外勤)担任指挥工作。遇有特殊情况时,可由经鉴定、考试合格取得调车长资格的胜任人员替代。

3. 一个调车组有两名及以上调车长时,在一个班的工作时间内,只能由一名调车长单一指挥,禁止轮换担任调车指挥。

二、调车人员交接班的规定及调车工作“九固定”

(一)交接班的规定

1. 休息、着装制:调车作业人员班前不得饮酒,作业前必须保证充分休息。当班人员应按规定准时签名进行班前休息。接班时应严格按规定着装并携带好备品。下雨天,提前穿好雨衣,套好电台防雨袋。

2. 点名预想制:接班前,调车作业人员与全班人员一起,在规定时间到达交接班地点参加接班点名会,接受任务、听取班计划、第一阶段计划和有关命令、电报、指示并开展安全预想,明确完成本班工作的重点、安全措施等,并进行班前规章抽问。调车长必须逐个检查本班人员精神状态和备品是否齐全,对班前休息不足 4 h 或班前饮酒者必须停止其工作。

3. 对号交接制:调车组实行集体交接班。班前会结束,由调车长带队,根据分工包线情况,按岗位职责分工进行对号交接。交接的内容包括:本人负责线路的车辆停留情况、防溜措施、有无压鞋、作业进度、工具备品、设备及环境卫生等。

4. 班后总结制:交班后,调车组与全班人员一起,分析总结班工作的经验与教训,开展批评与自我批评,并表扬好人好事和处理违章违纪,做好记载和考核。

(二)调车工作“九固定”

调车工作要固定作业区域、线路使用、调车机车、人员、班次、交接班时间、交接班地点、工具数量及其存放地点。作固定替换用的调车机车及小运转机车,应符合调车机车的条件(有前后头灯、扶手把、防滑踏板等)。

1. 固定作业区域

在调车作业繁忙、站线较多的车站,配有两台或两台以上调车机车时,应根据车站作业特点、设备情况以及调车作业性质,划分每台调车机车的固定作业区域,以避免各调车机车作业的相互干扰,并有利于作业人员熟悉本区作业性质和设备状况,掌握作业区调车工作的规律。

2. 固定线路使用

根据车站线路配置情况及车流性质,要固定车站调车场每一条线路用途,以有效地使用线路,减少重复作业,缩短调车行程,提高调车效率。技术站的调车线,应按车站调车工作任务要求、编组计划去向、车流性质、车流量大小等,结合线路配置及有效长等确定。

3. 固定调车机车

为便于调车工作,要求担负调车作业的机车起、停车快,前后瞭望条件好,便于调车人员上下车并能顺利通过较小半径曲线。因而,调车用的机车要车身短,轴距小,前后均有头灯、木脚踏板、扶手把等设备,替班调车机车应具备调车机车的设备条件,为此,担当调车作业的机车应固定使用。

4. 固定人员、班次

调车作业是由多工种配合进行的,包括调车组人员、调车机车的乘务人员和扳道人员等。人员和班次固定才有利于相互了解、密切配合、协调作业,有利于确保调车人员人身和作业安全。

5. 固定交接班时间和地点

固定交接班时间和地点,可以避免交接班人员相互等待,有利于缩短非生产时间。这里

主要指的是调车组和调车机车乘务组的交接班时间必须统一，交接班地点必须固定。

6. 固定工具数量和存放地点

配备足够数量和质量良好的调车工具和备品是做好调车工作的物质保证。固定其数量和存放地点，不仅便于使用保管，而且当损坏或短少时，也便于及时发现和补充，保证正常的作业需要。

三、调车作业计划的编制、传达、变更的规定

（一）调车作业计划的编制和布置

1. 调车作业计划的编制

调车作业计划由调车领导人编制。调车作业通知单应复写或打印，其内容应包括月、日、顺号、调车组别、作业内容（编组或解体车次）、起止时分、运用股道、作业方法、摘挂车数（包括10辆及其以上的摘挂车号码）、注意事项及特殊限制等。

有电力、内燃机车共同作业的车站，遇本务机车调车作业时，必须在调车计划单上标注机车类型。电气化区段，使用电力机车调车应注明“电力”字样；对接触网无电的线路，在该钩相应的附记栏中注明“无电”字样。

旅客列车甩挂作业，调车领导人编制调车作业计划时，须认真核对调度命令、甩挂车车号及位置，并在调车作业通知单内注明甩挂车车号。

中间站利用本务机车调车，应使用有示意图的调车作业通知单（示意图可另附），且须注明开始作业时停留车位置和辆数、作业时间内旅客列车的车次和时刻。

作业中有限制的车辆及安全要求等应在“注意事项”栏内注明。

2. 调车作业计划的布置

布置调车作业计划，应使用调车作业通知单。列车在到达线路内拉道口、对货位、直接后部摘车、本务机车（包括重联机车、补机）摘挂及转线、企业自备机车进入站内交接线整列取送作业，可不使用调车作业通知单。

3. 调车作业通知单式样（图3-1）与填写的相关要求

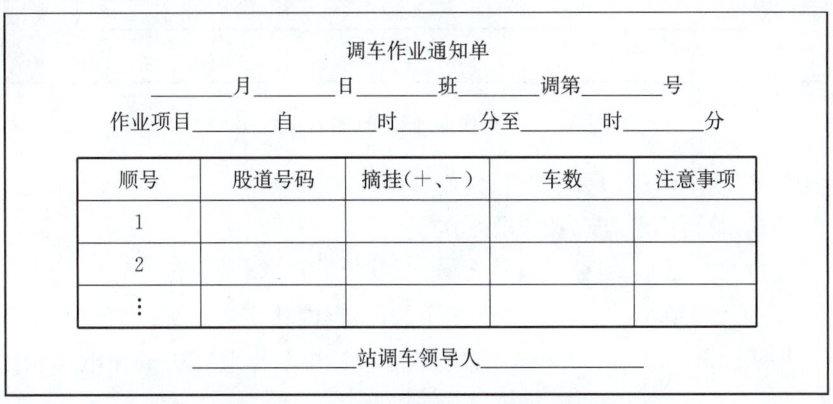

调车作业通知单

______月______日______班______调第______号

作业项目______自______时______分至______时______分

顺号	股道号码	摘挂（＋、－）	车数	注意事项
1				
2				
⋮				

______站调车领导人______

图3-1　调车作业通知单（无示意图）

（1）__月__日：使用阿拉伯数字填写作业日期。

（2）__班__调：使用阿拉伯数字填写调车组班次与调车机车编号。

（3）第__号：表示计划作业批次，按每台调车机车顺序编号。

(4)“作业项目”如“编组 43001”时记为“+43001”,“解体 43002”时记为“-43002”,“站整”时用 Z 表示等。

(5)自__时__分至__时__分:使用阿拉伯数字填写预计作业的起止时分。

(6)股道号码:应按《站细》规定的线路编号,正线使用罗马数字,其他线路使用阿拉伯数字填写。专用线、段管线、货场及站内特殊用途线路按《站细》规定名称的简称填写。

(7)摘挂:单机出填写“△‘某’方出”;挂车填写“+”,摘车填写“-”;机车转头作业写“转头”。

(8)车数:填写摘、挂车辆数;单机不填。

(9)注意事项:填写开口车号;摘完或挂完时填写“全”;最后一钩编成车次;穿越正线、原进路返回、经由轨道电路分路不良区段、脱轨器、高站台、大门、道口、一度停车等在该钩注明;对预计作业时间段内通过、到开的旅客列车的车次及时刻;作业中有关重点和特殊要求及安全重点注意事项等。

4. 附有示意图的调车作业通知单式样(图 3-2)与填写的相关要求

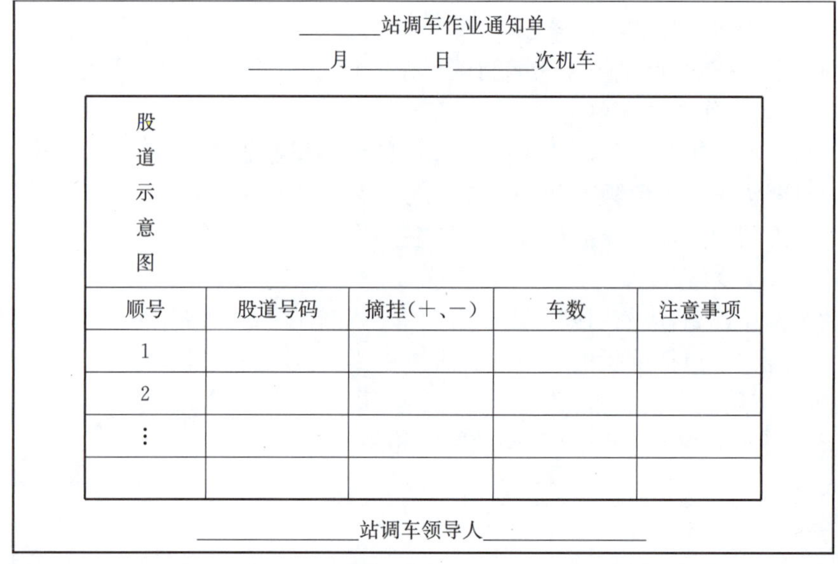

______站调车作业通知单

______月______日______次机车

股道示意图

顺号	股道号码	摘挂(+、-)	车数	注意事项
1				
2				
⋮				

______站调车领导人______

图 3-2 调车作业通知单(附有示意图)

(1)__月__日:使用阿拉伯数字填写作业日期。

(2)__次机车:填写内燃(电力)作业车次。

(3)编制规范性示意图,须有股道及编号、有效长、道岔编号。

(4)用“☒”表示停留车及连挂在一起的车数(方框内数字),并标出停留车距警冲标的大约距离;电气化区段车站利用电力机车调车时,还应标出与作业有关的无电区和接触网终点位置。

(5)股道号码:应按《站细》规定的线路编号,正线使用罗马数字,其他线路使用阿拉伯数字填写。专用线、段管线、货场及站内特殊用途线路按《站细》规定名称的简称填写。

(6)摘挂:单机出填写“△‘某’方出”;挂车填写“+”,摘车填写“-”;机车转头作业写“转头”。

(7)车数:填写摘、挂车辆数;单机不填。

(8)注意事项:填写开口车号;摘完或挂完时填写“全”;最后一钩编成车次;穿越正线、原进路返回、经由轨道电路分路不良区段、脱轨器、高站台、大门、道口、一度停车等应在该钩注明;对预计作业时间段内通过、到开的旅客列车的车次及时刻;作业中有关重点和特殊要求及安全重点注意事项等。

(9)线路示意图对同一机车只在第一张作业通知单上标画,作业中变更计划或连续作业时,不再标画示意图。

(二)调车作业计划的传达

调车领导人与调车指挥人必须亲自交接计划。由于设备原因,亲自交接计划确有困难以及设有调车作业通知单传输装置的车站,交接办法在《站细》内规定。调车指挥人应根据调车作业计划制定具体作业方法,连同注意事项,亲自向司机交递和传达;对其他有关人员,应亲自或指派连结员进行传达。调车指挥人确认有关人员均已了解调车作业计划后,方可开始作业。

1. 传达调车作业计划时,作业方法和安全注意事项必须传达清楚。传达计划时,必须认真听取接受者复诵。

2. 距调车领导人、调车指挥人较远的信号操纵、扳道或道口看守人员,送交书面计划确有困难时,可电话传达。接受者必须逐钩记录、复诵和复核。

3. 列车在到达线路内拉道口、对货位、直接后部摘车,本务机车(包括重联机车)摘挂及转线,企业自备机车进入站内交接线整列取送作业准许使用录音功能良好的无线通信设备以口头方式布置调车作业计划。

4. 参加调车作业的所有人员均应有调车作业通知单。调车作业通知单应交司机、副司机各一份,需要使用调车作业通知单的作业禁止口头向司机布置计划。

5. 禁止使用列车无线调度通信设备采用通话方式指挥调车作业。

(三)调车作业计划的变更

一批作业(指一张调车作业通知单)不超过三钩或变更计划不超过三钩时,可用口头方式布置(中间站利用本务机车调车除外),有关人员必须复诵。变更股道时,必须停车传达。仅变更作业方法或辆数时,不受口头传达三钩的限制,但调车指挥人必须向有关人员传达清楚,有关人员必须复诵。

口头变更计划(中间站利用本务机车调车禁止口头变更计划)在一张调车作业通知单内不得超过两次,钩数累计不得超过三钩。使用无线调车灯显设备的车站,按规定可用口头方式布置、传达的,均可用无线调车灯显设备传达布置,但必须按规定复诵核对。不得使用站场广播传达计划。

驼峰解散车辆,只变更钩数、辆数、股道时,可不通知司机,但调车机车变更为下峰作业或向禁溜线送车前,须通知司机。

调车指挥人变更调车作业计划,必须取得调车领导人的同意。作业中变更计划,必须向所有作业人员传达清楚,方可继续作业,变更正线、到发线上的调车作业计划时,还应事先取得车站值班员的同意。变更货物线、段管线、岔线内调车作业计划与实际情况不符,且联系不到调车领导人时,可由调车指挥人自行变更调车作业计划,作业完了后及时向调车领导人汇报计划变更和车辆停留情况。

(四)自轮运转特种设备调车作业计划布置、传达的规定

自轮运转特种设备调车作业由所属单位提出申请,车站调车领导人根据请求编制调车作业计划。

自轮运转特种设备调车作业(自轮运转特种设备转线除外),三钩及其以内的调车作业,调车领导人可使用语音记录装置良好的列车无线调度通信设备向调车指挥人(司机)传达,调车指挥人(司机)复诵核对无误后方可作业;三钩以上的调车作业,调车领导人使用调车作业通知单(中间站应使用附有示意图的调车作业通知单)编制调车作业计划后下达给司机。

(五)动车段(所)内调车作业计划编制、下达及调车计划变更

1. 动车段(所)调度员每日分白、夜两班编制调车作业轮廓方案,并下达给动车段(所)值班员和机务地勤司机室(未设地勤司机室的为派班室),机务段负责安排调车作业司机。

2. 动车段(所)内一批(同一车组)调车作业计划由动车段(所)调度员负责编制,具备调车作业动车条件后,由动车段(所)调度员负责传达给动车段(所)值班员、司机等相关人员,传达调车作业计划时应同时传达安全注意事项。

3. 动车段(所)调度员书面(传真)下达调车作业计划。CCS 系统功能良好时,动车段(所)调度员应使用 CCS 系统向动车段(所)值班员下达调车作业计划。

4. 调车计划变更。需变更调车作业计划时,调车领导人应通知所有作业人员停止作业,重新编制调车作业计划并下达,待所有作业人员复诵清楚后,方可继续作业。

四、道岔加锁、检查线路的规定

(一)道岔加锁

1. 道岔安装加锁装置要求

非集中联锁的道岔和未设联锁的手扳道岔,均应安装加锁装置。加锁装置包括锁板、勾锁器、闭止把加锁、带柄标志加锁。联锁道岔应配备紧固、加锁装置,以备联锁失效时用以锁闭道岔。

2. 加锁装配备、管理单位(部门)

(1)手扳道岔闭止把和带柄标志的加锁条件由电务部门负责,锁板由工务部门负责,其他加锁装置由使用部门负责,使用部门负责按规定加锁。

(2)道岔表示器由电务部门负责维护,电源由供电和电务部门按分界规定进行维护管理,使用单位负责道岔表示器的灯罩清扫、灯泡更换。

(3)专用线道岔加锁装置和道岔表示器由专用线产权单位负责维护和管理。

(4)段管线纳入联锁的道岔表示器由电务部门负责维护和管理,未纳入联锁的道岔表示器和道岔加锁装置由段管线的管理单位负责维护和管理。

3. 调车作业中有关人员操作道岔作业的规定

(1)扳道人员扳动道岔及信号操纵人员准备进路时:

①要严格执行“一看、二扳(按)、三确认、四显示(呼唤)”的规定。

一看:看邻线机车车辆是否越出警冲标,看道岔开通位置,看信号手柄(按钮)位置。

二扳(按):将道岔、信号握柄扳(按)至所需位置。没有计划或计划不清、线路上停有压标车辆、溜放车组间隔距离不够或前慢后快有侧面冲突危险时,不得扳动道岔。

三确认：确认有关进路道岔开通正确、闭止块落槽、信号握柄正确、尖轨与基本轨是否密贴、有关障碍是否排除。

四显示（呼唤）：确认无误后，按规定正确显示信号或执行呼唤应答制度。

②机车车辆压警冲标影响下一钩作业安全时，应立即显示停车信号。

③机车车辆经过时要注意走行部分、车辆门窗、端侧板、货物装载等状态，并随时注意道岔，遇有挤岔情况，严禁从挤过的道岔上退回。

④遇两台机车需同时接近一个进路道岔时，必须使一台机车停车并做好防护后，再显示信号放行另一台机车。

⑤两台机车在相邻线上相对方向同时作业，相互影响时，两端扳道员须事先取得联系（中间站由车站值班员布置），随时注意车列或车辆越过警冲标，并停止危及行车安全的作业。

(2)一个道岔区或一个扳道房设有两名及其以上扳道人员时，应分工明确，由扳道长（或指定一人）负责。

(3)信号操纵人员应根据控制台显示随时掌握机车车辆动态，按照规定的操作程序准备进路和监督作业，并在调车作业通知单上逐钩抹销，防止错办误办。

(二)检查线路的规定

调车作业前要提前检查线路与停留车辆情况。提前检查线路，其内容包括：障碍物、防护信号、大门状态、道岔位置、脱轨器及线路两旁、站台上堆放货物距离、货物线装卸情况等。

1. 驼峰作业车站下峰作业检查线路的规定：

应提前检查线路、停留车辆，调整好钩位。当调车长确认停留车位置有困难时，应派人显示停留车位置信号。末端车辆距信号机（警冲标）不足 30 m 时，应采取安全措施。

2. 进入专用线、有大门等作业前检查的规定：

进入专用线道岔（集中联锁区除外）、大门、装卸地点前应一度停车，亲自或派人检查线路、道岔（集中联锁区除外）、大门、停留车等后，方准进入（已事先有人检查除外，有协议的按协议执行）。

3. 去岔线、段管线、货物线取送车前检查规定：

去岔线、段管线、货物线取送车前，调车指挥人必须事先派人检查线路及停留车，确认道岔开通位置正确（由调车人员扳动的道岔），装卸停止，防护信号及装卸机具已撤除（企业间有协议的按协议执行）。检查大门开启状态及线路两侧货物堆放情况。事先派人检查有困难时，应在《站细》中规定检查确认办法。

(1)走行线不兼办货物装卸的，可不预先派人检查，但应加强瞭望，瞭望条件困难时须适当控制速度。

(2)走行线兼作货区时，必须在货区两端设立货区牌，并须停车检查。

(3)进入岔线、段管线大门（界标）前，必须停车检查。

(4)由车站担当取送作业的货物线、段管线、专用线（铁路）、工程线未经检查、汇报情况，禁止进行调车作业。

4. 由岔线、段管线返回设有隔开设备的站内正线、到发线时，须在一度停车牌前停车，根据扳道人员的股道号码及道岔开通信号或开放的调车信号机进入站内。

五、调车作业要道还道、前方进路确认、调车速度的规定

(一)调车作业要道还道

非集中区调车作业时,要认真执行要道还道制度。扳道员之间的要道还道办法及集中区与非集中区间的作业办法,在《站细》内规定。连续溜放和驼峰解散车辆时,第一钩应实行要道还道制度(集中联锁设备除外),从第二钩起,按调车作业通知单的要求扳动道岔。

1. 执行要道还道制度的基本规定

(1)单机或牵引运行时,由司机负责要道;推进车辆运行时,由调车组人员负责要道。调车组人员、司机应使用无线调车灯显设备,按规定的用语,以通话方式与准备进路的人员(扳道员、连结员)之间进行要道、还道。

(2)一条进路由两个及其以上扳道员准备时,司机或调车组人员向最近端扳道员要道,扳道员间依次由近及远向后一扳道员要道;还道时,由最远端扳道员开始,由远及近依次向前一扳道员还道,最后由最近端扳道员向司机或调车组人员还道。

2. 非集中联锁区调车作业要道还道的规定

(1)非集中联锁区调车作业时(含由集中区向非集中区运行时),必须执行"进要进路、出要出路"的钩钩要道还道制度(驼峰作业和连续溜放除外)。

(2)调车机车或调车车列经过无人值守的非集中操纵道岔时,有关人员必须确认该进路开通正确后,方准越过。运行中确认有困难时,必须在道岔前停车确认。

3. 集中区调车作业联系的规定

(1)在集中联锁区调车作业,不进行要道还道,但必须严格按调车信号机的显示进行。机车、车辆必须进入调车信号机内方,除无法移动的情况外,必须出清调车信号机所防护的轨道区段,不得影响返回时调车信号机的开放。不能从设备上一次排出的长调车进路,应当由远及近分段排列。调车指挥人和司机应按运行方向距其最近的一架调车信号机的显示进行。需要由近及远分段排列时,信号员①(车站值班员)应通知调车长并通知司机,运行中注意严格按进路上调车信号机的显示进行。

(2)因装卸对货位、入线取车、线路有效长内容车数不足、一批作业中后续作业需进入该线取送车等特殊情况,不能出清调车信号机所防护的轨道区段,在调车信号机关闭的情况下原路返回时,由调车长报告信号员(车站值班员),必须取得准许并确认进路正确后,方可向司机显示起动信号,运行到次一调车信号机前,按其显示进行。信号员(车站值班员)应单独锁闭原路返回进路上无调车信号机防护的道岔(不包括被机车车辆正常占用显示红光带的道岔),方可同意越过关闭的调车信号机原路返回。在确认调车机车、车列全部越过进路上的道岔前,严禁操纵该道岔。

(3)当调车信号机故障不能开放时(道岔还能集中操纵,单独锁闭),信号员(车站值班员)准备好进路,并将进路上有关道岔单独锁闭后通知调车长,可以越过一架或数架关闭的调车信号机作业,但每次运行前,必须由信号员(车站值班员)指定本次运行的停车位置;调车长应亲自或指派人员确认进路正确后,方可显示起动信号并指挥机车严格按指定位置停

---

①本书中,信号员是指助理值班员岗位中负责执行《铁路调车作业》(TB/T 30002—2020)信号员技术作业的人员。

车。调车长与车站值班员(信号员)应加强联系,认真确认,严防臆测行事。

(4)集中联锁区停电或设备停用,道岔转为现地人工操纵时,调车作业中要道还道必须严格按非集中区“要道还道”办法办理。

(5)集中联锁未设调车信号机但设有道岔现地操纵、局部控制设备的中间站,调车作业中“要道还道”办法按非集中区“要道还道”办法办理。

(6)集中联锁未设调车信号机,也未设局控设备的中间站,在集中区作业时,除按越出站界调车的有关规定办理外,调车机车、车列每次向站外运行前,都必须得到车站值班员的准许,调车指挥人方可向司机显示起动信号出站调车。车站值班员必须确认进路准备妥当,方可同意出站调车。向站内运行时,可凭进站信号机开放的引导信号进站。引导信号未开放,严禁越过进站信号机。

车站值班员从控制台上确认调车机车、车列越过相对方向进站信号机后,及时准备好进路,开放引导信号。

在允许时间内,同一出站调车通知书,可以多次往返出站调车。但运行中,有关人员应加强对进路开通位置的确认。

(7)调车长与车站值班员之间的联系办法在《站细》中规定。使用无线调车灯显设备的车站,允许调车指挥人与车站值班员、司机间进行通话联系。

(二)前方进路确认

在调车作业中,单机运行或牵引车辆运行时,前方进路的确认由司机负责;推进车辆运行时,前方进路的确认由调车指挥人负责,如调车指挥人所在位置确认前方进路有困难时,可指派调车组其他人员确认。

(三)调车速度

调车作业应准确掌握速度及安全距离,在空线上牵引运行时,不应超过 40 km/h,推进运行时,不应超过 30 km/h;动车组后端操作时,不应超过 15 km/h。

1. 调车作业速度的规定

(1)瞭望距离不足 100 m 时,应适当降低调车速度,在空线上牵引运行时不准超过 15 km/h,推进运行时不准超过 10 km/h。

(2)专用线、区间岔线、段管线取送车辆的调车机车类型及速度限制由机务段、工务段(企业自行管理维修的为所属单位)向车站提供,车站纳入《站细》并抄送有关单位。取送车列重量由机务段确定报机务处批准后,车站纳入《站细》。

(3)连挂车辆显示“十、五、三”车距离信号后,司机应将速度分别控制在 17、12、7 km/h 及其以下,连挂速度不得超过 5 km/h(有特殊要求除外)。

(4)连挂公务车、专运列车、乘坐有旅客的车辆时,连挂速度不得超过 3 km/h。

(5)调动装载军用危险货物的车辆,应提前通知乘坐部队或者押运人员做好准备,调动速度不得超过 15 km/h,连挂速度不得超过 2 km/h,严禁溜放调车。

(6)调车机车通过各类减速器、减速顶和推峰速度按有关设计文件在《站细》中规定。雨雪、冰冻天气应适当降低推峰速度。

(7)客车外部洗刷作业通过洗车机的速度不得超过 5 km/h。

(8)在设有轨道衡、超偏载检测及超限检测装置的线路上应匀速通过,正常情况下不得在检测设备上停留。通过轨道衡的速度由车站根据轨道衡的允许速度确定。

(9)其他需要限制调车速度的,各站在《站细》中明确。

2. 其他情况调车速度的规定

(1)手信号调车时,因人身安全或瞭望困难原因,不能在司机一侧作业时,由副司机确认调车手信号,推进调车的速度不得超过 15 km/h。

(2)对密接式车钩使用中间体过渡车钩进行调车时,可不连结软管,一次调车连挂客车不得超过四辆,运行速度不得超过 15 km/h。

(3)往尽头站台处送车或取车时,应连结全部软管,进行简略试验良好后方可进行,连挂速度不得超过 3 km/h。

(4)往尽头线送车时,在车列前端距车挡或尽头站台 30 m 处须一度停车,然后以不超过 5 km/h 的速度推送至距车挡 10 m 处停车(利用尽头站台装卸时除外)。

(5)调车作业中,超限车与固定建筑物或设备间的距离在 150 mm 以上时可按规定速度运行;距离在 100～150 mm 之间时,速度不得超过 10 km/h;距离在 70～99 mm 之间时,不得超过 5 km/h;小于 70 mm 时必须制定安全措施,方可作业。

(6)连挂标有△标记的车辆及带有这种车辆连挂其他车辆时,必须在距停留车 10 车处一度停车,然后以不超过 5 km/h 的速度运行至三车处,再以不超过 3 km/h 的速度连挂。

(7)机械冷藏车组禁止在驼峰上进行编解作业和溜放作业。如因迂回线故障等原因,机械冷藏车必须通过设有车辆减速器(顶)的驼峰时,以不超过 7 km/h 的速度推送过峰。

(8)装载卷钢敞车在驼峰溜放时执行的作业方式:车站在溜放该车辆时,驼峰推峰速度执行"减速"推峰,并将该钩车三部位出口速度人工设定为 5 km/h(空线时除外);对停留装有卷钢敞车的股道,后续第一钩溜放车组三部位出口速度也人工设置为 5 km/h。

3. 调车作业"停车上下"的规定

(1)编区站在驼峰区域(禁溜、迂回线除外)利用专用调车机车进行作业时可不执行"停车上下",具体地点由站段进行细化和明确,其余区域和其他车站进行调车作业时必须采取"停车上下"方式进行。

(2)调车推进作业中,当速度低于安全连挂的 5 km/h 时下车,可视为"停车下"。

六、排风摘管、调整钩位及防护,车辆摘挂,转场和越区作业的规定

(一)排风摘管、调整钩位及防护

调车作业中,需进入车档或车下进行摘结软管、调整钩位等作业前,连结员应使用无线调车灯显设备及时向调车长汇报,得到同意后按下紧急停车按钮,方可进行作业。当发现危及人身和行车安全时,调车人员应及时发出停车信号(紧急停车指令)或用语,司机接收到停车信号(紧急停车指令)或用语后应立即停车。

作业完毕或于紧急停车原因消除后,发出紧急停车指令的人员应及时向调车长汇报并"解锁"。

曲线挂车时,应事先调整钩位,调整钩位时必须在停车状态下进行。在曲线上挂车时,应调整好钩位,将两钩头向曲线内侧扳动,使两车钩中心水平线相接近,并将钩舌各开六七成,以加大两钩接触面;降低连挂速度,做好防止溜逸的准备,调整钩位时,必须在停车状态

下进行，并要以信号防护；调车人员站立位置要适当。

1. 安全要求

(1)在车列、车辆走行中，禁止进入线路提钩、摘管或调整钩位。

(2)摘结风管、调整钩位、处理钩销时，必须等列车、车列停妥，并得到调车长的回示。

(3)调整钩位、处理钩销时，不要探身到两车钩之间。对平车、砂石车、罐车、客车及特种车辆，应特别注意端板支架、缓冲器、风挡及货物装载状态。

2. 作业联系通话用语

需要进入车内处理钩链、摘结风管、调整钩位时，作业前用语为：×××处理钩链(调整钩位、摘结风管)；

调车长同意进入车内作业时，用语为：同意×××作业；

作业完毕后用语为：×××处理完毕。

(二)车辆摘挂的规定

调车作业摘车时，必须停妥，按规定采取好防溜措施，方可摘开车钩；作业中，机车车辆连挂后，可先撤除靠机车端车辆的防溜措施，确认连挂妥当后，方准撤除另一端车辆的防溜措施。货物列车本务机车在车站调车作业时，无论单机或挂有车辆，与本列的车辆摘挂和软管摘结，均由调车作业人员负责。装有密接式车钩的客车车辆摘挂时，过渡车钩的安装与拆卸由列检人员负责，无列检人员时由车辆乘务员负责。

普速铁路中间站利用本务机车调车以及高速铁路车站进行有车辆摘挂的调车作业时，应使用有示意图的调车作业通知单(示意图可另附)。

(1)旅客列车进路建立后禁止以下调车作业：

①接发旅客列车时，与接发列车进路没有隔开设备或脱轨器的线路，未经集团公司批准，禁止向能进入接发列车进路的方向调车(本务机车在停留线路内摘挂、列车拉道口时除外)。

②禁止向与客车进路并行的尽头线推送作业。

③禁止客车进路邻线的自轮运转特种设备、企业自备机车调车作业。

(2)按照《技规》第 301 条规定，集团公司批准成都站、贵阳站、重庆北渝怀场为特殊困难的车站，确需调车时，安全措施规定如下：

①办理旅客列车通过时，与接发列车进路没有隔开设备或脱轨器的线路，不准向能进入接发列车进路的方向调车。

②接发旅客列车时，与接发旅客列车进路没有隔开设备或脱轨器的线路，仅准许下列向能进入接发列车进路方向的调车作业：

a. 专调机车(含调度机车)采取牵引方式取送客车底。

b. 动车组出入库。

c. 单机转线、挂头。

d. 专调机车(含调度机车)连挂车列。

e. 专调机车(含调度机车)在停留线路内摘挂机车车辆。

(3)旅客列车中途摘挂车辆的规定：

①车站值班员应通知车站客运人员需进行甩挂作业的列车车次、辆数、股道、位置及注意事项等。

②车站客运人员及时将有关事项转告列车长，列车长及时通知列车工作人员锁闭有关车门和端门后，报告客运值班员。

③客运值班员报告车站值班员，车站值班员接到报告后，布置调车指挥人进行作业。

④中途站摘挂客车时，由客列检将调度命令转交车辆乘务员，无客列检作业时由车站值班员指派人员转交车辆乘务员。

⑤旅客列车摘挂车辆，原则上应在始发、终到站进行。因特殊原因必须在中途站摘挂时，必须连结全部风管，在距停留车 10 m 处一度停车，并以不超过 3 km/h 的速度进行连挂。

(4)机械冷藏车运用及调动的规定：

①机械冷藏车需摘挂作业时，调车人员应与机械冷藏车乘务组联系，并在机械冷藏车乘务组同意、指导下进行。

②机械冷藏车组禁止在驼峰上进行编解作业和溜放作业。如因迂回线故障等原因，机械冷藏车必须通过设有车辆减速器(顶)的驼峰时，以不超过 7 km/h 的速度推送过峰。

③机械冷藏车组必须整组编挂(机械车与冷藏车须按车组顺号连挂在一起)，不准分解运行。

④须对机械冷藏车组分钩作业时，车站应于分解作业前、连挂后及列车始发前通知机械冷藏车乘务组。有关保温装置的分解和连挂，由机械冷藏车乘务员进行，并以停车信号防护。

⑤机械冷藏车组在同一车站内进行解体、分段装卸作业时，装车完了后，应尽快连挂在一起。

(5)补机摘挂、软管摘结的作业分工：

①补机与本务机车的车钩摘挂、软管摘结，由连挂机车乘务员负责。

②挂有后部补机的列车在摘解补机站停车后，有列检作业车站由列检负责，无列检时由补机司机负责摘解。

(6)禁止补机在区间摘机作业。

(三)转场和越区作业的规定

调车工作繁忙、配线较多的车站，可划分为几个调车区，调车工作时要固定作业区域、线路使用等，需进行转场和越区作业时没有做好联系和防护，不准越区或转场作业。调车机车越区作业的联系和防护办法，应在《站细》内规定。

1. 配有两台及其以上调车机车同时作业的车站，应按线路配置和工作任务，划分调车区。

(1)横向划区时，两区之间应有不少于 20 m 的安全距离，并须设有分界标。当分界标处停有分界车时，应以分界车为界。

(2)纵向划区时，按调车机车分别固定作业线路，以线路警冲标或分界道岔为界。

2. 转场或在超过 2.5‰坡度的线路上调车时(驼峰作业除外)，10 辆及以下是否需要连结软管及连结软管的数量，11 辆及以上必须连结软管的数量，以及以解散作业为目的的牵出是否需要连结软管，由车站和机务段根据具体情况共同确定，并纳入《站细》。

3. 路用列车及机车、自轮运转特种设备需在高速场与普速场间转场时，可按越出站界调车方式办理，凭开放的进站(引导)信号进入邻场。

4. 自轮运转特种设备在车站转线、转场、进出库等作业时，按调车作业办理，须严格执行调车等作业规定。

七、越出站界(跟踪出站)调车,占用正线、到发线调车和越区转场作业时联系及防护的规定

(一)越出站界(跟踪出站)调车

1. 越出站界调车

越出站界调车时,双线区间正方向,必须区间(自动闭塞区间为第一个闭塞分区)空闲;单线自动闭塞区间,闭塞系统必须在发车位置,第一个闭塞分区空闲,经车站值班员口头准许并通知司机后,方可出站调车。

单线半自动闭塞区间和双线反方向出站调车时,须有停止使用基本闭塞法的调度命令,与邻站办理闭塞手续,并发给司机出站调车通知书。

(1)出站调车通知书应由车站值班员填发交给司机。如机车距车站值班员室较远,可由车站值班员指定的调车指挥人按照车站值班员的指示填写,确认无误后交给司机。

(2)越出站界调车时,出站调车通知书按时间计算,一批作业尚未终了而回站待避列车时,应收回通知书注销。如需继续出站调车时,应重新办理手续。

(3)两端车站的车站值班员于办理出站调车手续后,应揭挂"越出站界调车"表示牌。调车完毕后,调车指挥人须向司机收回通知书,并注销保管,然后方可报告车站值班员办理区间开通手续,摘除表示牌。凭口头通知越出站界调车完了后,调车指挥人须立即向车站值班员汇报。

(4)越出站界调车时,不准将车辆停放在区间。

(5)调度集中区段,在车站调车操作方式下,正方向越出站界调车时,车站必须提前向列车调度员提出调车作业申请,经列车调度员同意后方可办理。

(6)越出站界调车最远不得越过站界 700 m。

(7)机车(包括除轻型车外的各种动车)挂车到区间装卸作业时,或向区间岔线取送车,不得按越站调车办理。

(8)越出站界调车凭证的补充规定

①设有越出站界调车按钮的单线自动闭塞区段,车站值班员应确认第一闭塞分区空闲后,按下越出站界调车按钮,确认闭塞系统在发车位置,经车站值班员口头准许并通知司机后,方可出站调车。

②未设越出站界调车按钮的单线自动闭塞、单线半自动闭塞、自动站间闭塞区段及双线区间反方向越出站界调车时,须得到停止基本闭塞法的调度命令,确认区间空闲,与邻站办理电话记录并发给司机出站调车通知书后,方可出站调车。

③无论单线或双线,在区间已改为电话闭塞法行车的情况下,越出站界调车时须经列车调度员口头准许,在确认区间空闲,与邻站办理闭塞手续取得占用区间的权限,发给司机出站调车通知书后,方可出站调车。

④按电话记录办理出站调车的区间两端站,均应将电话记录号码和起止时刻记录在"行车日志"上。

⑤单线自动闭塞区段越出站界调车按钮设置情况应纳入《站细》。

(9)在 CTCS-2/3 区段,动车组凭调车信号机的显示越出站界调车时,按列控车载设备 CTCS-2 级调车模式调车作业(若动车组头部越过进站信号机处应答器组触发制动,停车后

按列控车载设备 CTCS-2 级调车模式继续运行)。

(10)动车组利用正线调车作业时,按越出站界调车方式办理。

(11)路用列车及机车、自轮运转特种设备需在高速场与普速场间转场时,可按越出站界调车方式办理,凭开放的进站(引导)信号进入邻场。

2. 跟踪出站调车

跟踪出站调车,只准许在单线区间及双线正方向线路上办理,并须经列车调度员口头准许,取得邻站值班员承认的电话记录号码,发给司机跟踪调车通知书。在先发列车尾部越过预告、接近信号机(或靠近车站的第一个预告标)或《站细》规定的间隔时间后,方可跟踪出站调车,但最远不得越出站界 500 m。跟踪调车作业完毕,车站值班员确认跟踪调车通知书收回后,向邻站发出电话记录号码。列车虽已到达邻站,但跟踪调车通知书尚未收回时,禁止办理区间开通手续。

(1)跟踪出站调车的特殊规定:

①跟踪调车通知书应由车站值班员填发交给司机。如机车距车站值班员室较远,可由车站值班员指定的调车指挥人按照车站值班员的指示填写,确认无误后交给司机。

②跟踪出站调车须在跟踪调车通知书指定时间内进行。

③跟踪出站调车时,应揭挂表示牌。

④调度集中区段,在 CTC 分散自律控制模式下,双线正方向办理跟踪出站调车时,须转为车站控制模式。

(2)待收回跟踪调车通知书后,应立即发出电话记录号码通知前方站,双方均应将电话记录号码和起止时刻登记在"行车日志"上。

跟踪出站调车,应通告前发列车司机。前发列车在区间停车后不得后退。特殊情况必须后退时,未得到后方站值班员的准许,不得退入预告信号机或预告标内方。

跟踪调车,前发列车虽已到达前方站,在未得到后方站跟踪调车完毕的电话记录前,单线自动闭塞区间,禁止变更发车方向;其他闭塞区间,禁止办理区间开通手续。

(3)下列情况禁止跟踪出站调车:

①前发列车为旅客列车、军用列车、专运列车及尾部挂有公务车的货物列车。

②无预告(接近)信号机或无预告标的车站,以及集中联锁的车站第一离去表示灯故障时。

③夜间或昼间天气不良时。

④站间距离在 5 km 及其以下的区间。

⑤站外 500 m 距离内有隧道的车站。

⑥出站方向有长大上坡道。

⑦调车机车往站外方向推进运行时。

⑧出站方向区间内有瞭望不良的地形或有长大上坡道(站名表由铁路局集团公司公布)。

⑨先发列车需由区间返回,或挂有由区间返回的后部补机。

⑩一切电话中断。

⑪降雾、暴风雨雪时。

⑫动车组调车作业。

(4)下列情况禁止按跟踪出站调车办理：

①自动站间闭塞，闭塞系统设有“越出站界调车按钮”的，禁止使用“越出站界调车按钮”办理跟踪出站调车。

②进入区间岔线的列车或在区间内装卸作业，禁止按跟踪调车办理。

3.“出站(跟踪)调车通知书”(图 3-3)填写方法

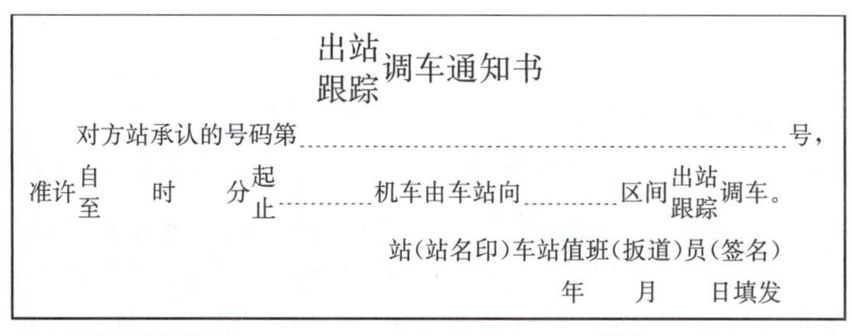

出站/跟踪 调车通知书

对方站承认的号码第……号，

准许自/至　时　分起/止……机车由车站向……区间出站/跟踪调车。

站(站名印)车站值班(扳道)员(签名)

年　月　日填发

注：不用的字句抹销。　　(规格 90 mm×130 mm)

图 3-3　出站(跟踪)调车通知书

(二)占用正线、到发线调车和越区转场作业时联系及防护的规定

占用正线、到发线调车和越区转场作业时必须做好联系、防护，没有做好联系和防护，不准越区或转场作业，各种联系办法在《站细》内规定，每个车站根据设备、作业组织及作业岗位不同，联系制度、方式也不同。

八、集中联锁未设调车信号机或调车信号机故障，调车作业压岔、压轨道电路绝缘节，轨道电路分路不良等的调车要求

在编制调车作业计划时，压岔、原进路返回、经由轨道电路分路不良区段等情况，需要在调车作业通知单的注意事项中注明，并按下列要求办理。

(一)集中联锁未设调车信号机或调车信号机故障作业要求

1. 无调车信号机时，调车指挥人确认道岔开通正确(如为集中操纵的道岔，还须与操纵人员联系)后，向司机显示起动信号。

2. 当调车信号机故障不能开放时(道岔还能集中操纵，单独锁闭)，信号员(车站值班员)准备好进路，并将进路上有关道岔单独锁闭后通知调车长，可以越过一架或数架关闭的调车信号机作业，但每次运行前，必须由信号员(车站值班员)指定本次运行的停车位置；调车长应亲自或指派人员确认进路正确后，方可显示起动信号并指挥机车严格按指定位置停车。调车长与车站值班员(信号员)应加强联系，认真确认，严防臆测行事。

3. 集中联锁区停电或设备停用，道岔转为现地人工操纵时，调车作业中要道还道必须严格按非集中区“要道还道”办法办理。

4. 集中联锁未设调车信号机但设有道岔现地操纵、局部控制设备的中间站，调车作业中“要道还道”办法按非集中区“要道还道”办法办理。

5. 集中联锁未设调车信号机，也未设局控设备的中间站，在集中区作业时，除按越出站界调车的有关规定办理外，调车机车、车列每次向站外运行前，都必须得到车站值班员的准许，调车指挥人方可向司机显示起动信号出站调车。车站值班员必须确认进路准备妥当，方

可同意出站调车。向站内运行时,可凭进站信号机开放的引导信号进站。引导信号未开放,严禁越过进站信号机。

车站值班员从控制台上确认调车机车、车列越过相对方向进站信号机后,及时准备好进路,开放引导信号。

在允许时间内,同一出站调车通知书,可以多次往返出站调车。但运行中,有关人员应加强对进路开通位置的确认。

6. 未设调车信号机也未设局控设备的集中联锁区,进路准备好并通知调车长和司机后,在未通知调车长并确认未动车前,禁止取消(变更)进路。

(二)调车作业压岔、压轨道电路绝缘节,轨道电路分路不良等的调车要求

1. 因装卸对货位、入线取车、线路有效长内容车数不足、一批作业中后续作业需进入该线取送车等特殊情况,不能出清调车信号机所防护的轨道区段,在调车信号机关闭的情况下原路返回时,由调车长报告信号员(车站值班员),必须取得准许并确认进路正确后,方可向司机显示起动信号,运行到次一调车信号机前,按其显示进行。信号员(车站值班员)应单独锁闭原路返回进路上无调车信号机防护的道岔(不包括被机车车辆正常占用显示红光带的道岔),方可同意越过关闭的调车信号机原路返回。在确认调车机车、车列全部越过进路上的道岔前,严禁操纵该道岔。

2. 轨道电路分路不良区段办理调车作业的规定:

(1)办理进路前,车站值班员(列车调度员)必须亲自或指派胜任人员确认与进路有关的所有分路不良区段空闲后,方可准备进路,并将分路不良区段的道岔单独锁闭;列车(机车车辆)未全部出清轨道电路分路不良区段前,严禁操纵有关道岔及其防护道岔,不得解除分路不良区段道岔单独锁闭。

(2)调车作业时,询问并得到调车人员或司机汇报机车车辆出清道岔轨道电路分路不良区段后,方可扳动道岔,开放信号。

(3)在轨道电路分路不良的股道上停放车辆时,必须对股道两端信号按钮钮封(带帽或封闭)。

(4)遇列车、车列、自轮运转特种设备经过轨道电路分路不良区段后列车或调车进路漏解锁、白光带不消失时,车站值班员(列车调度员)必须先确认机车车辆已全部出清分路不良区段,方可进行区段人工解锁。

(5)长期停留机车车辆在集中联锁区段作业时,车站干部应到岗监控,并按分路不良区段作业办理,向相关作业人员传达清楚注意事项,做好调车联控。进路排列好后,将进路上所有道岔单独锁闭。在确认列车或机车车辆全部进入线路警冲标内方或全部进路后,方可解锁。

3. 动车段(所)内分路不良区段调车作业安全的规定:

在分路不良区段,司机对标停车后报告动车段(所)值班员,动车段(所)值班员得到司机的报告后方可排列下一钩调车进路,用语如下。

司机:"动车段(所)值班员,×××号动车组上×道(×道出来)"。

动车段(所)值班员:"×××号动车组上×道(×道出来)信号好了,经由分路不良区段"。

司机:"上×道(×道出来)信号好了,经由分路不良区段,司机明白"。

司机:"动车段(所)值班员,×××号动车组×道已按标停车"。

动车段(所)值班员:"×××号动车组×道已按标停车,明白"。

九、手摇把的使用、道岔定反位和密贴状态的确认

(一)手摇把的使用

1. 电动转辙机手摇把,要实行统一编号、集中管理,建立登记签认制度。

(1)车站电动转辙机钥匙、手摇把由电务部门配备,车务部门集中保管,按规定存放在车务站段统一制作的手摇把箱内。手摇把由电务统一编号,手摇把箱由车站加锁、电务加封。

(2)使用手摇把前,使用单位应在"行车设备检查登记簿"内登记申请,经车站值班员(调车区长)签认后方可领取(施工维修可在计划开始时间前 60 min 领取)。

(3)手摇把使用完毕后,使用单位应及时归还、销记。车站、电务共同确认手摇把数量、编号正确后,由车站加锁、电务加封。

(4)电锁器钥匙由电务部门配备、车务部门保管。非车务单位使用时须在"行车设备检查登记簿"内登记,经车站值班员签认后方可领取。

2. 手摇故障道岔程序:

(1)在"行车设备检查登记簿"内登记。

(2)取出手摇把和钥匙。

(3)打开转辙机箱锁。

(4)打开遮断器。

(5)将手摇把插入辙机箱。

(6)将道岔摇到所需位置。

(7)用钩锁器对尖轨加锁。

(8)再次确认道岔位置。

(二)道岔定反位

道岔除使用、清扫、检查或修理时外,应保持向某线路开通的位置为定位,向另一线路开通的位置称为反位。道岔除使用、清扫、检查或修理时外,均须保持定位。

1. 单线车站正线进站道岔,为由车站两端向不同线路开通的位置。

2. 双线车站正线进站道岔,为各该正线开通的位置。

3. 区间内正线道岔及站内正线上其他道岔(引向安全线、避难线的除外),为正线开通的位置。

4. 引向安全线、避难线的道岔,为安全线、避难线开通的位置。

5. 到发线上的中岔,为到发线开通的位置。

6. 其他由车站负责管理的道岔,由车站规定。

车站道岔的定位,应在《站细》内记明。集中操纵的道岔及不办理接发列车的非集中操纵的道岔可不保持定位(到发线上的中岔和引向安全线、避难线的道岔除外)。

(三)密贴状态的确认

道岔应保持良好状态,道岔各零部件应齐全,作用良好,缺少时应及时补充。道岔出现伤损或病害时,应及时修理或更换。有下列缺陷时,应禁止使用:

1. 内锁闭道岔两尖轨互相脱离,分动外锁闭道岔两尖轨与连接装置、心轨接头铁与拉板相互分离或外锁闭装置失效。

2. 尖轨尖端与基本轨、可动心轨尖端与翼轨在静止状态不密贴。

3. 尖轨、可动心轨被轧伤，轮缘有爬上尖轨、可动心轨的危险。

4. 在尖轨、可动心轨顶面宽 50 mm 及以上的断面处，尖轨顶面低于基本轨顶面、可动心轨顶面低于翼轨顶面 2 mm 及以上。

5. 基本轨垂直磨损，50 kg/m 及以下钢轨，在正线上超过 6 mm，到发线上超过 8 mm，其他站线上超过 10 mm；60 kg/m 及以上钢轨，在线路允许速度大于 120 km/h 的正线上超过 6 mm，其他正线上超过 8 mm，到发线上超过 10 mm，其他站线上超过 11 mm。33 kg/m 及以下的钢轨，由铁路局集团公司规定。

6. 在辙叉心宽 40 mm 的断面处，辙叉心垂直磨耗（不含翼轨加高部分），50 kg/m 及以下钢轨，在正线上超过 6 mm，到发线上超过 8 mm，其他站线上超过 10 mm；60 kg/m 及以上钢轨，在线路允许速度大于 120 km/h 的正线上超过 6 mm，其他正线上超过 8 mm，到发线上超过 10 mm，其他站线上超过 11 mm；可动心轨宽 40 mm 断面及可动心轨宽 20 mm 断面对应的翼轨垂直磨耗（不含翼轨加高部分）超过 6 mm。33 kg/m 及以下的钢轨，由铁路局集团公司规定。

7. 辙叉心作用面至护轮轨头部外侧的距离小于 1 391 mm，或翼轨作用面至护轮轨头部外侧的距离大于 1 348 mm。

8. 尖轨、基本轨或辙叉损坏。

9. 道岔护轨螺栓、可动心轨咽喉和叉后间隔铁螺栓、长心轨与短心轨联结螺栓、钢枕立柱螺栓的同一部位同时有 2 根螺栓缺少或折损。

十、高速铁路调车相关规定

（一）一般要求

1. 车站、动车段（所）的调车工作，应按列车运行图、车站或动车段（所）的技术作业过程及调车作业计划进行。参加调车作业有关人员应做到：

（1）及时办理动车组出入段（所）、转线及车底取送等作业，保证按列车运行图的规定时刻发车，不影响接车。

（2）充分运用一切技术设备，采用先进工作方法，用最少的时间完成调车任务。

（3）认真执行作业标准，保证调车有关人员的人身安全及行车安全。

2. 调车作业时，应使用机车综合无线通信设备、调度台（车站）FAS 终端或注册的 GSM-R 手持终端进行联系。

使用机车进行调车作业时，应使用无线调车灯显设备（机车摘挂、转线等不进行车辆摘挂的作业除外），并使用规定频率，其显示方式须符合有关要求。无线调车灯显设备应与列车运行监控装置配合使用，无线调车灯显设备的使用、维修及管理办法由铁路局集团公司规定。

无线调车灯显设备正常使用时停用手信号，对灯显以外的作业指令采用通话方式；无线调车灯显设备发生故障时，改用手信号作业。

3. 动车段（所）设动车组地勤司机，负责动车组在动车段（所）内调车、试运行等调移动车组的作业。

4. 禁止溜放调车、手推调车和跟踪出站调车作业。

5. 在作业中，调车作业人员须停车上下。

6. 调车作业必须连结全部软管。摘车时，必须停妥，按规定采取好防溜措施，方可摘开车钩；挂车时，没有连挂妥当，不得撤除防溜措施。

7. 调车作业要准确掌握速度及安全距离，并遵守下列规定：

(1)在空线上牵引运行时，不准超过 40 km/h；推进运行时，不准超过 30 km/h；动车组后端操作时，不准超过 15 km/h。

(2)调动乘坐旅客车辆时，不准超过 15 km/h。

(3)接近被连挂的车辆时，不准超过 5 km/h。

(4)在尽头线上调车时，距线路终端应有 10 m 的安全距离；遇特殊情况，必须近于 10 m 时，要严格控制速度。

(5)电力机车、动车组在有接触网终点的线路上调车时，应控制速度，距接触网终点标应有 10 m 的安全距离；遇特殊情况，必须近于 10 m 时，要严格控制速度。

(6)旅客未上下车完毕，除本务机车、补机摘挂作业外，不得进行旅客列车(车底)的连挂作业。

(7)遇天气不良等非正常情况，应适当降低速度。

8. 调车信号机故障不能开放时，进路准备人员应将相关道岔操纵至所需位置并单独锁闭，在调车进路准备妥当后通知调车指挥人(司机)准许越过故障的调车信号机。

(二)领导及指挥

1. 车站调车作业由列车调度员(由车站负责办理调车进路时为车站值班员或车务应急值守人员)担当调车领导人。分场时的调车工作，由负责该场调车进路的列车调度员(车站值班员或车务应急值守人员)领导。需编制书面调车作业通知单的调车作业，由车站值班员(车务应急值守人员)担任调车领导人。

(1)动车段(所)调车作业的调车领导人为动车段(所)调度员。

(2)动车组自走行时不设调车指挥人，司机根据信号的显示运行；动车组无动力利用调车机车进行调车作业时，由车站担当调车指挥人。路用列车、自轮运转特种设备调车作业由所属单位派人担当调车指挥人。

2. 调车作业由调车长单一指挥，遇有特殊情况，可由经鉴定、考试合格的胜任人员担当指挥工作。动车组自走行调车作业、机车及自轮运转特种设备转线等作业由司机负责，不另设调车指挥人。

3. 调车长在调车作业前，必须亲自并督促组内人员充分做好准备，认真进行检查。在作业中应做到：

(1)组织调车人员正确及时地完成调车任务。

(2)正确及时地显示信号(发出指令)，指挥作业。

(3)负责调车人员的人身安全和行车安全。

4. 司机在调车作业中应做到：

(1)组织动车组(机车、自轮运转特种设备)乘务人员正确及时地完成调车任务。

(2)负责操纵动车组(机车、自轮运转特种设备)，做好整备，保证机车、自轮运转特种设备质量良好。

(3)时刻注意确认信号，不间断地进行瞭望，认真执行呼唤应答制，正确及时地执行信号显示(作业指令)和调车速度的要求，没有信号(指令)不准动车，信号(指令)不清立即停车。

(4)负责调车作业的安全。

5. 动车段(所)调车工作的领导及指挥由铁路局集团公司规定。

(三)计划及准备

1. 计划的编制及下达：

(1)调车领导人应正确及时地编制、布置调车作业计划。配备现车或CTC系统的车站，应使用计算机编制调车作业计划。计算机编制的调车作业通知单应符合规定格式。

(2)进行有车辆摘挂的调车作业时，应使用有示意图的调车作业通知单(示意图可另附)。

(3)变更调车作业计划时，调车领导人应通知调车指挥人(无调车指挥人时为司机)停止作业，重新编制调车作业计划并下达，待司机和有关人员清楚无误后，方可继续作业。

(4)调车指挥人应根据调车作业计划制定具体作业方法，连同注意事项，亲自向司机交递和传达；对其他有关人员，应亲自或指派连结员进行传达。

(5)调车指挥人确认有关人员均已了解调车作业计划后，方可开始作业。

2. 动车组、路用列车及机车、自轮运转特种设备需转线时，司机根据需要向列车调度员(车站值班员或车务应急值守人员)提出申请。列车调度员(车站值班员或车务应急值守人员)可不编制书面调车计划，但须将作业办法、内容和注意事项向司机传达、布置清楚并听取复诵无误，在准备好进路后，通知司机开始作业。

3. 调车作业必须做好下列准备：

(1)提前核对计划及相关调度命令，确认进路。

(2)进行车辆摘挂、转线的作业，提前检查线路、道岔(集中联锁区除外)、停留车及车辆防溜等情况。

(3)准备足够的良好防溜器具。

(4)无线调车灯显设备试验良好。

4. 调车作业计划的编写内容和编写要求：

(1)使用附有车站示意图(可另附)的调车作业通知单。调车作业通知单中应包括月、日、顺号、作业内容(编组或解体车次)、起止时分(作业时间内旅客列车的车次和时刻)、运用股道、摘挂车数(包括10辆及其以上的摘挂车号码)、车站两端方向及开始作业时停留车位置等注意事项以及其他特殊限制。

(2)旅客列车甩挂作业，调车领导人编制调车作业计划时，须认真核对调度命令、甩挂车车号及位置，并在调车作业通知单内注明甩挂车车号。

(3)电气化区段，使用电力机车调车应注明“电力”字样；对接触网无电的线路，在该钩相应的附记栏中注明“无电”字样；注明接触网终点位置。

(4)穿越正线调车，应在调车作业计划上注明穿越正线符号。

5. 调车作业计划的交接、传达的补充规定：

(1)调车指挥人接到调车作业通知单并核对无误后需报告调车领导人，保证调车计划能够交接清楚。

(2)传达调车作业计划时，安全注意事项必须传达清楚，必须认真听取接受者复诵。没有计划、计划不清、接受者不复诵，不准作业。

(3)动车组、进行有车辆摘挂的调车作业和路用列车、自轮运转特种设备三钩以上转线的调车作业，应书面传达调车作业计划，参与调车作业的司机（副司机）、调车人员每人一份。路用列车、自轮运转特种设备三钩及以下转线的调车作业，可不编制书面调车计划，使用语音记录装置良好的列车无线调度通信设备进行布置、传达。

6. 调车作业计划的变更补充规定：

变更调车作业计划时，必须重新编制调车作业计划、传达，待司机和有关人员清楚无误后，方可继续作业。

7. 动车段（所）内调车作业计划编制及下达办法：

（1）动车段（所）调度员每日分白、夜两班编制调车作业轮廓方案，并下达给动车段（所）值班员和机务地勤司机室（未设地勤司机室的为派班室），机务段负责安排调车作业司机。

（2）动车段（所）内一批（同一车组）调车作业计划由动车段（所）调度员负责编制，具备调车作业动车条件后，由动车段（所）调度员负责传达给动车段（所）值班员、司机等相关人员，传达调车作业计划时应同时传达安全注意事项。

（3）动车段（所）调度员书面（传真）下达调车作业计划。CCS 系统功能良好时，动车段（所）调度员应使用 CCS 系统向动车段（所）值班员下达调车作业计划。

8. 动车段（所）内调车作业调车计划变更：

需变更调车作业计划时，调车领导人应通知所有作业人员停止作业，重新编制调车作业计划并下达，待所有作业人员复诵清楚后，方可继续作业。

9. 动车所存车线同一股道存放两列动车组的规定：

（1）动车段（所）应根据存车线有效长度、应答器位置、平过道位置、安全距离等现场实际情况，组织机务、电务等单位确定满足同一股道存放 2 列 8 辆动车组的股道，并纳入动车段（所）有关办法。

（2）存放 2 列 8 辆动车组的股道，须在股道两端各设置“8 辆动车组停车位置标”、“16 辆动车组停车位置标”，并在股道中部适当位置处各设置两个方向的“8 辆动车组停车位置标”。对尽头式的股道仅在开往尽头方向设置停车位置标。

（3）动车段（所）应在调车作业计划中明确停车位置，司机应根据作业计划确定的停车位置标停车。

（4）需在股道中部的“8 辆动车组停车位置标”处停放动车组时，动车段（所）调度须在编制动车组调车作业计划中注明。

（5）向已停有动车组的股道调车作业时，动车段（所）调度应在调车作业通知单中注明停留车位置及列位，车站值班员与司机调车联控时用语中增加“股道有车”，司机应根据调车作业通知单注明的列位停车。

（6）遇天气恶劣难以辨认信号调车作业时，原则上不得办理同一股道存放 2 列不重联的 8 辆动车组。

10. 动车段（所）内调车作业调车进路准备及确认：

（1）动车段（所）值班员（信号员）负责根据调车计划和动车段（所）调度员的指示，排列调车进路，并与动车组司机进行调车联控。

（2）动车组调车作业，司机、动车段（所）值班员应执行钩钩调车联控。

（3）准备调车进路必须一次排列，禁止分段排列调车进路。

（4）配置 CCS 系统的动车所，应采用 CCS 系统触发方式办理调车进路。办理调车进路前，应通过 CCS 系统进路预览功能核对即将下达的进路与调车计划一致，确认无误再行触发。

11. 动车段(所)内分路不良区段调车作业安全的规定：

在分路不良区段，司机对标停车后报告动车段(所)值班员，动车段(所)值班员得到司机的报告后方可排列下一钩调车进路，用语如下。

司机："动车段(所)值班员，×××号动车组上×道(×道出来)"。

动车段(所)值班员："×××号动车组上×道(×道出来)信号好了，经由分路不良区段"。

司机："上×道(×道出来)信号好了，经由分路不良区段，司机明白"。

司机："动车段(所)值班员，×××号动车组×道已按标停车"。

动车段(所)值班员："×××号动车组×道已按标停车，明白"。

12. 动车组在检修库内升弓前，动车组司机应通知动车段(所)调度。动车组进、出检修库前，司机应先与车站值班员联控，再与动车段(所)调度联控。

(四)动车组调车作业

1. 动车组进行调车作业时，原则上采用自走行方式，凭地面信号机的显示运行。

2. 动车组禁止连挂其他机车车辆(救援机车、附挂回送过渡车以及动车组无动力调车时的调车机车、公铁两用牵引车除外)调车。

3. 动车组调车作业时，司机应在运行方向的前端操作，前方进路的确认由司机负责。在不得已情况下必须在后端操作时，应指派随车机械师或其他胜任人员站在动车组运行方向的前端指挥，发现危及行车或人身安全时，应立即使用紧急停车按钮(紧急制动装置)或通知司机停车。

(五)动车组以外的调车作业

1. 调车作业时，凭地面信号机的显示运行。有调车指挥人时，凭调车指挥人的指令及地面信号机的显示运行，没有看到调车指挥人的起动信号，不准动车。

2. 信号显示：

(1)调车作业时，调车人员必须正确及时地显示信号；机车乘务人员要认真确认信号，并回示。

(2)推进车辆连挂时，要显示"十、五、三车"的距离信号，没有显示"十、五、三车"的距离信号，不准挂车，没有司机回示，应立即显示停车信号。

(3)推送车辆时，要先试拉。车列前部应有人瞭望，及时显示信号。

(4)当调车指挥人确认停留车位置有困难时，应派人显示停留车位置信号。

3. 除机车、自轮运转特种设备转线外，调车作业应有足够的调车人员。

(1)施工路用列车、自轮运转特种设备调车作业时，由施工(使用)单位或所属单位提供调车动力和调车人员，具体办法由铁路局集团公司规定。其他调车作业，由车站人员担当调车人员或列车调度员指定单位派调车人员。

(2)调车人员不足 2 人，不准进行调车作业。

4. 调车作业中，机车、自轮运转特种设备运行或牵引车辆运行时，前方进路的确认由司机负责；推进车辆运行时，前方进路的确认由调车指挥人负责，如调车指挥人所在位置确认前方进路有困难时，可指派调车组其他人员确认。

(1)施工路用列车、自轮运转特种设备调车作业时,由施工(使用)单位或所属单位提供调车动力并安排胜任人员负责调车作业。

(2)施工路用列车、自轮运转特种设备调车作业由施工(使用)单位或所属单位提出申请,列车调度员(车站值班员)根据请求编制调车作业计划。

(3)施工路用列车、自轮运转特种设备车辆摘挂及三钩以上转线作业,应编制书面调车作业计划(使用附有示意图的调车作业通知单)。

(4)调车指挥人接到调车作业计划后,应将调车作业计划及注意事项传达到参加调车的所有人员。

(5)施工(使用)单位或所属单位须按规定配备足够数量且符合规范的防溜器具。作业中按规定采取好防溜措施后方可摘开车钩;挂车时,没有连挂妥当,不得拆除防溜措施。

5. 调车作业联系和确认信号的基本要求:

(1)调车作业时,应执行钩钩联系制度。每钩作业前,调车指挥人(司机)应主动向列车调度员(车站值班员)请求进路;作业中没有请求进路,不得排列进路、开放信号。进路准备妥当后,列车调度员(车站值班员)方可通知调车指挥人(司机)。

(2)信号开放后因某种原因不能及时动车时,调车有关人员应主动与信号操纵人员联系。

(3)调车信号开放后不得擅自变更。遇特殊情况必须变更时,应得到确已停止调车作业的通知后,方可关闭信号。

(4)信号操纵人员应根据 CTC 终端(计算机联锁控制台)显示掌握机车车辆动态,按照规定的操作程序准备进路和监督作业。使用书面调车作业通知单时,应逐钩抹销,防止错办、误办。

(5)调车进路必须一次排列,不准分段办理。

6. 经无调车信号机防护的道岔作业的规定:

未设调车信号机的线路无法按越出站界调车办理时,信号操纵人员应将相关道岔操纵至所需位置并单独锁闭,在调车进路准备妥当后通知调车指挥人(司机)进行作业。

7. 机车车辆不能出清轨道电路需原路返回作业的规定:

遇有特殊情况,机车车辆不能出清轨道电路,需要原路返回时,信号操纵人员确认道岔开通位置正确,并对道岔进行单独锁闭后,方准同意;调车指挥人必须得到信号操纵人员的允许并口头通知司机进路道岔开通情况后,方可显示起动信号,调车司机凭起动信号动车。

8. 集中联锁设备停用时的要道还道办法:

集中联锁设备停用时,原则上应先处理故障后办理调车作业,确需办理时,车站应指派胜任人员担当扳道员(电务、工务人员协助准备进路)。

9. 调车作业的连挂、试拉、转线及取消已开放调车信号作业的规定:

(1)连续连挂时,车组间的距离在 10 车及其以上时,须试拉或顿钩。

(2)动车组以外的调车作业,调车作业中不准以顿钩代替试拉。连续连挂最后一组车后及推送车辆运行前、编组列车及列车摘挂的最后一钩作业完了必须试拉。

(3)推进调车时,被连挂车辆距警冲标不足 30 m 时,连挂前必须一度停车,并应将道岔开通调车的线路。

(4)调车信号开放后,原则上不准取消。特殊情况必须取消时,应先通知司机和调车指挥人,并得到已停轮的回示后方可取消。

10. 调动乘坐旅客的车辆及空客车时均须全部接通软管,并经简略试验良好后方可进行。

11. 动车组以外的旅客列车终到后调动车底的规定:

(1)车站客运人员确认旅客乘降以及上水、卸污、邮政和行包作业完毕后,报告车站值班员。

(2)车站值班员接到客运、客列检等部门作业完毕的汇报后,通知调车指挥人作业。

12. 空调旅客列车在解编调车作业前,应通知车辆段派人摘解车端电气连接线。

13. 对装有密封风挡的客车进行甩挂作业前,必须通知车辆部门;由车辆人员负责风挡的摘解和渡板的处理,处理完毕后,通知调车人员,方可进行甩挂作业。

14. 对密接式车钩和集中供电车列调车作业时:

(1)密接式车钩调车时,应通知列检人员(车辆乘务员)到场。摘车时,调车人员应确认软管及电气控制连线等装置均已摘开,并将车钩扳手扳开且固定后,方可扳动车钩、摘开车辆。

(2)集中供电车列的调车作业,其车辆的摘挂和软管的摘结由调车作业人员负责;其他由列检人员负责,无列检作业的由车辆乘务员负责。

(3)使用中间体过渡车钩进行调车时,一次调车连挂客车不得超过四辆,运行速度不得超过 15 km/h;中间体过渡车钩的拆装由车辆部门负责。

15. 停止调车作业和对列车运行安全有影响的作业时机的规定:

(1)车站接车(通过)时,须提前 10 min 停止影响列车进路的调车作业和对列车运行安全有影响的其他作业(动车组出入库除外)。

(2)车站发车时,须提前 5 min 停止影响列车进路的调车作业和对列车运行安全有影响的其他作业。

(六)在正线、到发线上的作业

1. 在正线、到发线上调车时,须经过列车调度员(车站控制时为车站值班员)准许。

2. 接发列车时,应按《行细》规定的时间,停止影响列车进路的调车作业和对列车运行安全有影响的其他作业。

3. 接发旅客列车时,与接发列车进路没有隔开设备或脱轨器的线路,不准向能进入接发列车进路的方向调车。本务机车在停留线路内摘挂除外。

4. 同一股道只允许一端调车作业,禁止两端同时向同一股道排列调车进路。

5. 调车作业中,应执行钩钩联系制度:每钩作业前,司机(调车指挥人)应主动向列车调度员(车站负责办理调车进路时为车站值班员或车务应急值守人员)请求进路;进路准备妥当后,列车调度员(车站值班员或车务应急值守人员)方可通知司机(调车指挥人)。

6. 越出站界调车:

(1)越出站界调车时,必须区间(自动闭塞区间正方向为第一个闭塞分区)空闲,单线区间闭塞系统必须在发车位置;由列车调度员发布准许越出站界调车的调度命令后,方可进行。

(2)越出站界调车期间,相邻站(线路所)禁止向该区间放行列车。越出站界调车作业完毕,司机或调车指挥人应报告列车调度员(车站负责办理调车进路时为车站值班员或车务应急值守人员)。车站值班员、车务应急值守人员应及时报告列车调度员,列车调度员通知两端站(线路所)后方可组织行车。

(3)需在未设调车信号机的线路上调车作业时,根据需要可按越出站界调车作业办理,办理列车进路(进、出站信号机常态为灭灯时,应点灯),由列车调度员发布准许越出站界调车的调度命令,司机根据调度命令和进、出站信号机的显示进行调车作业。

(4)动车组越出站界调车时,司机接到越出站界调车的调度命令后,凭调车信号机的显示越出站界调车;不能排列调车进路的线路或未设调车信号机的车站调车作业时,列车调度员(车站值班员)应向司机说明情况,司机接到越出站界调车的调度命令后,凭进、出站信号机的显示运行(向有车线调车时,应开放引导信号)。

(5)需反方向开放出站信号机越出站界调车作业时,车站值班员(车务应急值守人员)在得到越出站界调车的调度命令和列车调度员的口头准许后,方可办理。

(6)动车组越出站界调车时,列车调度员(车站值班员)通过 CTC 终端或联锁控制台显示确认整列全部进入区间后,通知司机停车。列车调度员(车站值班员)接到司机问路请求后方可排列进路,开放信号。

(7)动车组越出站界调车时选择控车模式的规定:

在 CTCS-2/3 区段,动车组凭调车信号机的显示越出站界调车时,按列控车载设备 CTCS-2 级调车模式调车作业(若动车组头部越过进站信号机处应答器组触发制动,停车后按列控车载设备 CTCS-2 级调车模式继续运行);动车组凭进、出站信号机显示越出站界调车时,出站按列控车载设备 CTCS-2 级完全监控模式或部分监控模式,进站按列控车载设备 CTCS-2 级隔离模式(列车调度员不发布动车组转入或退出隔离模式的调度命令)。

(8)动车组利用正线调车作业时,按越出站界调车方式办理。

(9)信号机常态灭灯时,进路上的有关信号机(含同方向起阻挡用的信号机)应点灯,调车作业结束后,应及时恢复。

(七)机车车辆停留

1. 有动车组以外的旅客列车上线运行的高速铁路,在动车组运行时段,除动车组、旅客列车车底及本务机车外,车站正线、到发线不应停留其他机车车辆。特殊情况下确需在到发线停留时,由铁路局集团公司制定相应安全措施。

2. 仅运行动车组列车的高速铁路,在动车组运行时段,车站正线、到发线不应停留动车组以外的其他机车车辆。特殊情况下确需在到发线停留时,由铁路局集团公司制定相应安全措施。

3. 临时停留公务车线路上的道岔应开通不能进入该线的位置并加锁。集中联锁的道岔可在控制台上进行单独锁闭。

4. 安全线上禁止停留机车车辆。

5. 下列情况需在到发线停留机车车辆时,须经调度所值班主任(副主任)准许。其他确需在到发线停留机车车辆时,需有施工电报或日班计划进行明确后方可停留。施工电报或日班计划内须包含停留地点、停留时间、停留辆数、防溜措施、防溜看守巡视等内容。施工(使用)或所属单位应制定到发线停留机车车辆的安全措施。

(1)有动车组以外的旅客列车上线运行的高速铁路:

未开行货物列车区段,在动车组运行时段,准许在车站到发线停留抢修、救援的轨道车(接触网作业车)以及临时甩下的故障车。

开行货物列车区段，到发线可停留机车车辆。停留的线路原则上与列车通过进路隔线或隔站台停放，停留的机车车辆距警冲标不得少于 50 m。

(2)仅运行动车组列车的高速铁路，在动车组运行时段，原则上只准许在到发线停留抢修、救援的轨道车(接触网作业车)。停留的线路原则上与列车通过进路隔线或隔站台停放，停留的机车车辆距警冲标不得少于 50 m。

6. 停留的机车车辆的到发线两端道岔应开通不能进入该线的位置并加锁。

(八)机车车辆防溜

1. 动车组防溜：

(1)动车组无动力停留时，有停放制动装置的动车组，由司机负责将动车组处于停放制动状态；动车组无停放制动装置或在坡度为 20‰以上的区间无动力停留时，由司机通知随车机械师进行防溜，防溜时应使用止轮器牢靠固定。

(2)重联动车组在设置止轮器防溜时，仅设置前列。

(3)如需在同一股道内停留两列不重联的动车组时，两列动车组间应间隔不小于 20 m 的安全防护距离(动车段、动车所内的股道除外)，并分别做好防溜。

(4)动车段(所)内动车组防溜办法由铁路局集团公司规定。

2. 车辆防溜：

(1)车辆在车站停留时，应连挂在一起，拧紧两端车辆的人力制动机，并以铁鞋牢靠固定。特殊情况下分组停放时，应分别采取防溜措施。

(2)一批作业中临时停留的车辆，须拧紧两端车辆的人力制动机或以铁鞋止轮。

(3)调车作业实行“谁作业、谁防溜(撤除)”的原则，防溜措施的设置和撤除由调车人员(机车及自轮运转特种设备为司机，其他无调车人员的为设备使用单位人员)负责。

3. 机车及自轮运转特种设备在车站停留时，由司机负责将其保持制动(防溜)状态，并按规定采取止轮措施。

4. 施工路用车辆及自轮运转特种设备需在车站停留时，使用单位应派人负责看守。其他车辆在车站到发线停留时，由车站人员(车务应急值守人员或其他胜任人员)对其防溜措施进行检查、确认。

5. 列车或车列摘开机车的规定：

(1)车站到达的列车，司机须对列车实施保压制动后，方可摘开机车。

(2)在始发、终到及换挂机车的车站到发线停留的客车底，司机须对列车实施保压制动后，方可摘开机车。停留时间超过 2 h 或线路坡度超过 1.5‰时，按规定采取防溜措施。

6. 列车防溜的规定：

(1)车站停留车辆，无论停留的线路是否有坡道，均应连挂在一起，并采取“双防溜”，车站作业人员拧紧两端车辆的人力制动机，并以铁鞋牢靠固定。因装卸车对货位等情况，不能连挂在一起时，应分组做好防溜措施。

(2)车站一批调车作业中临时停留的车辆，须拧紧两端车辆的人力制动机或以铁鞋牢靠固定。

(3)动车组以外的列车(不含自轮运转特种设备、施工路用车辆)，机车连挂车辆在车站无动力停留时，机车防溜由司机负责，列车后端(非机车端)防溜由车站负责。

(4)由车站负责取送车辆的专用线，调车组应将专用线停留的车辆连挂在一起，拧紧两端人力制动机，并以铁鞋牢靠固定；专用线人员应负责对防溜措施进行检查并保持。

(5)段管线停留车辆的防溜办法由其管理单位制定。

(6)车辆防溜措施检查巡视制度，由各单位制定。

7. 因作业需要撤除防溜措施的规定：

因车辆进行技术检查或故障处理等作业，列检(维修)人员在撤除车站采取的防溜措施前，应根据检修作业的要求，按规定重新设置防溜措施，技术检查或故障处理完毕，应及时恢复原防溜措施。

8. 动车段(所)内防溜办法的规定：

(1)动车组无动力停留时，有停放制动装置的动车组，由司机负责将动车组处于停放制动状态；动车组无停放制动装置时，动车段(所)检修库内的防溜由机械师负责，检修库外的防溜由司机负责。

(2)重联动车组在设置铁鞋(止轮器)防溜时，仅设置前列。设置铁鞋(止轮器)位置方向，在《所细》①中明确。

(3)随车机械师设置、撤除防溜时，均须通知司机。

(4)防溜设置好后，司机方可降弓；司机升弓后，方可撤除防溜。

(5)自轮运转特种设备及其他机车车辆需在动车所停留时，由施工(使用)单位或所属单位负责防溜措施的设置和撤除。

(九)防溜器具管理

1. 车站行车室必须配备足够良好的防溜器具，由车站值班员(车务应急值守人员)负责保管和交接。有关作业人员领取、使用、交回时，须办理登记交接手续，领取(交回)人与保管人共同清点数量、编号无误，确认状态良好后分别签认。

2. 车站值班员(车务应急值守人员)须在行车室对停留车及其防溜情况进行揭示。作业人员采取或撤除防溜措施后，应立即告知车站值班员(车务应急值守人员)，一批作业结束后双方进行签认。

第二节　车辆停留及防溜

一、机车防溜基本要求

1. 人力制动机拧紧方法：机车人力制动机手轮向紧固方向旋转至尽头。

2. 人力制动机紧固完毕，必须二人及以上人员车下手触确认闸瓦紧贴轮对踏面，方为紧固到位。

3. 人力制动机防溜撤除后，必须进行一次全车制动，缓解后进行走行部检查，确认制动器作用良好，闸瓦间隙符合技术标准。

4. 使用铁鞋(含整备检修区域使用的橡胶止轮器)止轮防溜，应使用铁鞋对机车第2、5动轮对向放置，鞋尖应紧贴车轮踏面并靠牢固定。

---

①《动车段(所)行车工作细则》，下同。

5. 使用机车单阀制动时，必须确认机车制动缸压力不低于 300 kPa，并将单阀置于制动区保压。

6. 与后部机车分离及压钩前必须确认后部停留机车防溜措施妥当后方准进行操作，摘钩后须确认后部停留机车的状态。

7. 做好防溜措施的机车，机车乘务员、整备作业人员要将随车配备的"手闸已紧"警示牌悬挂在已使用人力制动机一端的调速手柄上并在机车运用状态本注明"手闸已紧"和"已使用铁鞋防溜"的提示。

二、列车(机车)运行中防溜规定

(一)机车出库前作业

1. 接班司机确认总风缸压力，如压力低于最低升弓压力或无压力时，必须按程序升弓、泵风、对机车采取空气制动后方可松人力制动机，并检查机车是否安放止轮器。

2. 机车出库前要按规定对机车制动系统进行机能试验，作用良好方可出库。

3. 司机确认防溜措施已完全撤除方可动车出库。

(二)机车在中间站停放作业

1. 机车在中间站停放时，总风缸风压不得低于 850 kPa，机车乘务员须同时使用人力制动机、机车空气制动阀、铁鞋止轮三重防溜措施，防止机车溜逸。

2. 机车在中间站停留摆放时，摆放股道同方向有其他停留机车时要连挂成组。特殊情况不能连挂时须分别采取防溜措施。

3. SS_7 型、和谐系列机车在使用储能制动和按压停放制动施加或停放制动缓解后，学习司机(随乘司机)要在车下确认制动指示。

4. 单机转线，换端操纵时除空气制动阀置制动位，保证压力不低于 300 kPa 以外，列车管还需减压 100 kPa 以上，方能取出各操作手柄。

(三)途中作业

1. 列车因自动制动机故障被迫停车后或在电气化区段，遇接触网停电时，致使列车在坡道上停车时间超过 60 min(超过 6‰坡道为 30 min)，以及其他原因致使列车不能继续运行时，司机应立即将铁鞋放置于下坡道端机车车轮下对列车进行止轮防溜。学习(随乘)司机应组织人员按照《行规》18 表规定(总重÷400×查《行规》第 111 条附件 1 所得数值)拧紧足够数量的人力制动机(电气化区段高闸台车辆松闸前必须将列车制动并申请停电后进行松闸)以保证就地制动。

2. 列车在区间分部牵引运行时，机车在未摘开列车之前，要对遗留的车辆按规定做好防溜措施。

3. 单机动车前，必须试验制动机作用良好；当救援机车挂好遗留车辆后应确认完全撤除防溜后，方准动车。

4. 机车在站内停留或因故障换车，机车制动缸保持 300 kPa 的压力，机车严禁离人。

5. 严禁在坡道上进行更换闸瓦的作业。

6. 严禁在始发站、中间站试风时，将空气制动阀置运转或缓解位；必须置制动位保持 300 kPa 的制动压力。

7. 列车停车施行保压停车，停车后列车管必须减压 100 kPa 以上，单机空气制动阀置制动位制动缸压力保持在 300 kPa。

8. 沿途各站，加挂、换挂或摘解机车时，本务机车必须施行保压停车，减压 100 kPa 以上，并通知所有机车空气制动阀保持制动位，学习（随乘）司机摘解风管前必须确认车辆制动良好。

9. 站线停留换班时，必须保持全列制动，机车制动缸压力保持 300 kPa。

10. 坡道超过 6‰以上的站场，必须待出站信号开放后，方可缓解列车。

11. 列车在站停车，需要检查机车或调整闸瓦间隙时，要使车列保持制动保压状态，严禁同时缓解机车、车辆。值乘单机，进行机车检查时，机车上要有人在岗防护，如需要两人下车共同配合进行闸瓦调整间隙或临时更换闸瓦，必须使用双端人力制动机对机车实施防溜并车下确认后方可进行作业，作业完毕要按规定撤除防溜措施。

12. 列车分离被迫停车时

（1）列车在区间分离时应立即停车，学习（随乘）司机携带便携列车无线调度通信设备向后检查（多机重联时，除本务司机留守机车外，重联司机、学习司机必须协助本务学习司机向后检查、处理）。

（2）凡货物列车区间分离，在对分离车列实施连挂前，要确认分离车辆具备连挂条件，学习（随乘）司机必须对该车列使用铁鞋进行止轮防溜。未挂妥前，不得撤除防溜措施。

13. 已请求救援的列车，在救援列车到区间连挂分离车列未连挂妥之前不得撤除防溜措施。

三、库内防溜基本规定

1. 库内停留机车、车辆、轮对均须采取防溜措施。各股道停留机车、车辆、要成组连挂，并按规定使用防提穿销，趟检、整修等原因分解摆放时，须分别进行防溜。

2. 动车须具备以下条件：机车防溜措施撤除完毕、人员到齐、遗留车辆防溜措施采取妥当。

3. 整备车间集控室要建立机车进入待检区停放时间登记台账，对进入待检区机车停放时间进行登记，停放 1 h 以上的机车指派胜任人员对防溜情况进行检查，对无风机车应由整备车间负责充风，重新制动。对停放超过 2 h 以上的机车必须拧紧牵入端人力制动机。

4. 库内机车走行或调车作业过程中，要将监控装置进入 15 km/h 模式，机车停轮时应采取空气制动阀单阀制动，机车严禁离人。

四、动车组防溜基本规定

（一）停放制动介绍

为带弹簧储能式停放制动的制动缸如图 3-4 所示。在停放制动缸里有储能弹簧和活塞，在停放制动处于缓解状态，以较高压力的压缩空气送人活塞下方，由此产生的活塞力压缩储能弹簧；在停放制动处于施加状态，降低（或者排出）停放制动缸活塞下方的空气压力，活塞在储能弹簧复原力作用下向下移动，其活塞杆与制动缸活塞上面接触，施加弹簧力，以防止因制动缸泄漏导致制动力丧失、引起动车遛逸。

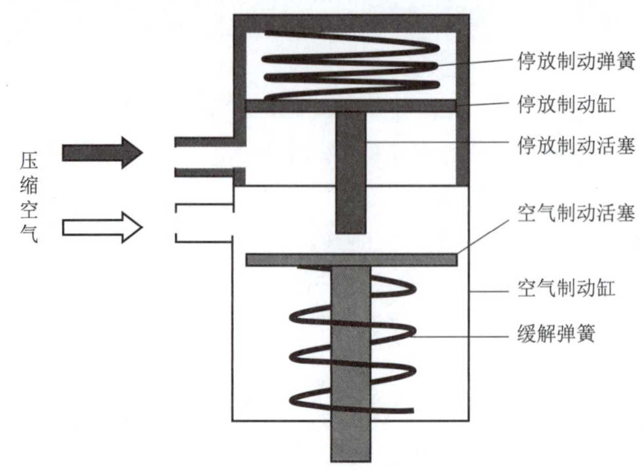

图 3-4 带弹簧储能式停放制动的制动缸

(二)动车组防溜规定

1. 动车组防溜

(1)动车组无动力停留时,有停放制动装置的动车组,由司机负责将动车组处于停放制动状态;动车组无停放制动装置或在坡度为 20‰以上的区间无动力停留时,由司机通知随车机械师进行防溜,防溜时应使用铁鞋牢靠固定。

(2)重联动车组在设置铁鞋(止轮器)防溜时,仅设置前列。

(3)如需在同一股道内停留两列不重联的动车组时,两列动车组间应间隔不小于 20 m 的安全防护距离(动车段、动车所内的股道除外),并分别做好防溜。

(4)动车段(所)内动车组防溜办法由铁路局集团公司规定。

2. 动车段(所)内防溜办法的规定

(1)动车组无动力停留时,有停放制动装置的动车组,由司机负责将动车组处于停放制动状态;动车组无停放制动装置时,动车段(所)检修库内的防溜由机械师负责,检修库外的防溜由司机负责。

(2)重联动车组在设置铁鞋(止轮器)防溜时,仅设置前列。设置铁鞋(止轮器)位置方向,在《所细》中明确。

(3)随车机械师设置、撤除防溜时,均须通知司机。

(4)防溜设置好后,司机方可降弓;司机升弓后,方可撤除防溜。

(5)自轮运转特种设备及其他机车车辆需在动车所停留时,由施工(使用)单位或所属单位负责防溜措施的设置和撤除。

(三)CR400AF 停放制动施加介绍

停车状态下,按下操纵台【停放施加】按钮时,停放施加按钮灯亮,可通过 HMI 屏【制动信息】画面确认停放制动施加。

(四)CR400AF 停放制动缓解介绍

按下操纵台【停放缓解】按钮后,停放缓解按钮灯亮,可通过 HMI 屏【制动信息】画面确认停放制动缓解。

五、各种车辆停留的规定

1. 机车车辆停留规定

机车车辆必须停在警冲标内方。调车作业中，车辆临时停在警冲标外方时，一批作业完了后，应立即送入警冲标内方。因特殊情况需在警冲标外方进行装卸作业时，须经车站值班员、调车区长准许，在不影响列车到发及调车作业的情况下方可进行，装卸完了后，应立即送入警冲标内方。

2. 安全线及避难线停留车的规定

安全线及避难线上，禁止停留机车车辆。

3. 爆炸品、压缩气体等特殊车辆停留的规定

装载爆炸品、压缩气体、液化气体的车辆及救援列车，必须停放在固定的线路上，两端道岔应扳向不能进入该线的位置并加锁；临时停留公务车线路上的道岔也应扳向不能进入该线的位置并加锁；集中操纵的道岔可在控制台上进行锁闭。

“140”产品车在车站停留时，不得与邻线内燃、蒸汽机车和装载“七〇七”产品、爆炸品的车辆及旅客列车并列停放。

4. 其他

在超过6‰坡度的线路上，不得无动力停留机车车辆。机车固定走行线上禁止停留机车车辆。

5. 案例

(1)案例一：“1.1”凉雾站渝利工程线车辆溜逸事故

2013年1月1日12时41分，万凉线凉雾站渝利工程1线39辆长轨专用平板车(宜昌端第一位车辆位于凉雾车站4号道岔外方683 m，向车站方向为12.9‰下坡)溜逸722 m进入站内，宜昌端前8辆挤过4号、10/12号道岔，除第4位、第7位外，其余6辆脱轨，构成铁路交通一般C类事故。中铁二十三局负事故主要责任，重庆建设指挥部、达州车务段负事故同等主要责任。

事故直接原因：

中铁二十三局渝利铁路铺架分部12月9日调车作业完毕后，长期违章在超过6‰坡度的线路上无动力停留机车车辆，且将车辆停留在警冲标外方。同时，不按规定采取防溜措施，仅在下坡道方向安设2只铁鞋，且未拧紧足够的人力制动机，造成制动力不够，并不按规定在国铁车站端设置脱轨器及防溜枕木等安全隔离措施，是造成本起事故的直接原因。

(2)案例二：包满铁路“8.13”道砟车溜逸事故

2010年8月13日10时30分左右，停留在中铁六局集团有限公司承建的包头至满都拉铁路白云鄂博—巴音花段朝鲁图站Ⅱ道的一列10辆满载石子的卸砟专用车发生溜逸，相继碰撞了线路作业人员和电气化作业人员，导致11人死亡，3人受伤，其中1人重伤。

事故直接原因：

内蒙古自治区安全生产监督事故调查组初步分析认为其原因是中铁六局管理不严，不到位，管理上的违章所致。

六、编组站、区段站、中间站车辆停留位置和防溜的规定

编组站、区段站在到发线、调车线以外的线路上停留车辆，不进行调车作业时，应连挂在

一起，并须拧紧两端车辆的人力制动机，或以铁鞋（止轮器、防溜枕木等）牢靠固定。因装卸车对货位等情况，不能连挂在一起时，应分组做好防溜措施。

中间站停留车辆无论停留的线路是否有坡道，均应连挂在一起，拧紧两端车辆的人力制动机，并以铁鞋（止轮器、防溜枕木等）牢靠固定。因装卸车对货位等情况，不能连挂在一起时，应分组做好防溜措施。一批调车作业（一张调车作业通知单）中临时停留的车辆，须拧紧两端车辆的人力制动机或以铁鞋（止轮器）止轮。

七、特殊用途线停留车辆的要求和限制

（一）《行规》第 68 条

1. 编组站、区段站到发线、调车线停留车辆防溜的规定：

（1）到发线的到达列车，须对列车实施保压制动后，方可摘开机车。

（2）到发线线路平均坡度超过 1.5‰时，车站作业人员须拧紧两端车辆的人力制动机或以铁鞋牢靠固定。

（3）到发线线路平均坡度不超过 1.5‰时：

①停留车组辆数在 20 辆（客车 6 辆）及其以下时，须拧紧两端车辆的人力制动机或以铁鞋牢靠固定。

②停留车组辆数在 20 辆（客车 6 辆）以上，无机务段（电力机车折返所）的车站，须拧紧两端车辆的人力制动机或以铁鞋牢靠固定；有机务段（电力机车折返所）的车站可不采取防溜措施，但停留时间超过 4 h 时，须拧紧两端车辆的人力制动机或以铁鞋牢靠固定。

（4）编组站、区段站调车线（驼峰下的调车线除外）停留车辆时：

①线路平均坡度不超过 2.5‰时，车站作业人员拧紧两端车辆的人力制动机或以铁鞋牢靠固定；线路平均坡度超过 2.5‰时，拧紧两端车辆的人力制动机，并对下坡端最外方车辆以铁鞋牢靠固定。

②一批调车作业中临时停留的车辆，须拧紧两端车辆的人力制动机或以铁鞋牢靠固定。

（5）驼峰下的调车线、编发线的防溜措施及设有停车器、停车顶等防溜设备的线路，具体防溜办法根据设备技术条件和安装使用情况在《站细》内规定。

（6）与正线、到发线衔接的货物线、专用线停留车辆时，不论车站防溜方式如何，其靠到发线端必须拧紧车辆人力制动机，并以铁鞋（防溜枕木）牢靠固定。

2. 中间站防溜的补充规定：

（1）中间站到达的列车，须对列车实施保压制动后，方可摘开机车。

（2）中间站停留车辆，无论停留的线路是否有坡道，均应连挂在一起，并采取“双防溜”，车站作业人员拧紧两端车辆的人力制动机，并以铁鞋牢靠固定。因装卸车对货位等情况，不能连挂在一起时，应分组做好防溜措施。在分组采取防溜措施时，除两端车组外侧须至少采取两道防溜措施外，其余车组及两端车组的内侧可拧紧两端车辆的人力制动机，或以铁鞋（止轮器、防溜枕木等）牢靠固定，保证至少一道防溜措施。

（3）中间站一批调车作业中临时停留的车辆，须拧紧两端车辆的人力制动机或以铁鞋牢靠固定。

（4）作业量较大的中间站执行《技规》有困难时停留车辆防溜的规定：

配有专用调车机车或日均调车作业 100 钩以上的中间站，经铁路局集团公司运输部批

准可执行“单防溜”的规定，由车站制定防溜措施，纳入《站细》。

中间站到发线以及衔接到发线的线路停留货车车辆使用人力制动机（包括人力制动机紧固器）防溜时，车站作业人员应排出该车辆制动主管和副风缸余风，再拧紧该车辆人力制动机（一批作业中除外），确保对停留车辆实施有效防溜措施。

3. 由车站负责取送车辆的专用线，调车组应将专用线停留的车辆连挂在一起，拧紧两端人力制动机，并以铁鞋牢靠固定；专用线人员负责对防溜措施进行检查并保持。

4. 段管线停留车辆的防溜办法由其管理单位制定。

5. 其他规定：

（1）电气化区段不能采用人力制动机防溜时，应使用人力制动机紧固器防溜，使用的条件和办法比照人力制动机防溜的规定办理。

（2）使用铁鞋防溜时，鞋尖应紧贴车轮踏面，牢靠固定；使用人力制动机或人力制动机紧固器防溜时，须拧紧制动机。

（3）线路内实际坡度超过 6‰的地段，不得无动力停留机车车辆。

（4）因车辆进行技术检查或故障处理等作业，列检（维修）人员在撤除车站采取的防溜措施前，应根据检修作业的要求，按规定重新设置防溜措施，技术检查或故障处理完毕，应及时恢复原防溜措施。

（5）有关调车作业岗点、信号楼（行车室）、扳道房、货场（货物线）、段管线以及专用线（专用铁路）等有关处所须配备足够数量的防溜器具。防溜器具的类型、配备数量、固定存放地点应在《站细》或相关安全协议中进行明确。

（6）机车连挂客车底在站无动力停留时，机车防溜由司机负责，列车后端（非机车端）防溜由车站负责。

（7）按照路用列车车次开行的通勤列车车底在站停留时，按照客车底防溜规定执行，在《站细》内明确具体防溜措施。

（8）人力制动机故障的车辆或车组不能按规定采取防溜措施时，应与人力制动机作用良好的车辆连挂在一起，禁止单独停留。执行“双防溜”措施时，遇最外方车辆人力制动机故障时，可顺延使用下一车辆人力制动机，车组两端仍须按规定采取防溜措施。

（9）无动力回送的机车或自轮运转特种设备（含重联、成组）在站单独停留时，车站作业人员使用铁鞋防溜。

（二）《中国铁路成都局集团有限公司车务系统调车作业安全控制办法》（成铁运〔2023〕157 号）

1. 动态防溜的补充规定：

（1）动态防溜措施是指：须拧紧两端车辆人力制动机（人力制动机紧固器）或以铁鞋止轮。

（2）编区站动态防溜措施规定：一批调车作业中，到发线临时停留的车辆，采取动态防溜措施。

（3）中间站一批调车作业中动态防溜措施规定：

①一批调车作业中临时停留的车辆，采取动态防溜措施，但因去岔线取送车时，应对站内临时存放的车辆采取静态防溜措施。

②编成列车时，该列车的本务机车已在站内等待，对编成车列采取动态防溜措施。

③中间站列车终到时，该车列将在 30 min 内进行调车作业，对终到车列采取动态防溜措施。

④中间站遇列车进行机车换挂（含转向）作业时，换挂机车已在站内等待，对换挂车列采取动态防溜措施。

2. 编区站调车线防溜的补充规定：

(1)驼峰下的调车线：调车线靠驼峰端不采取防溜措施，靠近峰尾端由停车器对车辆进行防溜。

(2)客站的调车场：客技库内，车站调车作业频繁的存车线、整备线等线路上，停留车辆两端均以铁鞋（止轮器）牢靠固定。

3. 防溜措施采取、撤除的汇报制度：

到发线作业时，作业人员将停留车辆防溜措施采取后，须将防溜措施采取的车辆位置与具体方式报告车站值班员（内勤助理值班员），并做好标记，纳入交接班内容；作业人员将停留车辆防溜措施撤除后，也应将防溜措施撤除情况报告车站值班员（内勤助理值班员）。

4. 中间站对停留空客车底防溜的补充规定：

停放时间超 48 h 后，车站应对停留的空客车底使用防溜枕木进行补强防溜。

5. 停留时间较长的保留列车，原则安排在坡度不超过 1‰的线路上停放。中间站保留列车停留线路与正线及旅客列车进路无隔开设备或平行进路时，应在无隔开设备及平行进路端增设防溜枕木（已采用到发线防溜装置补强防溜时除外）。

6. 旅客列车机车换挂的防溜作业补充规定：

(1)编区站、中间站只能使用铁鞋对换挂头的旅客列车采取防溜措施。

(2)中间站车站值班员在确认防溜措施撤除，且铁鞋摆放回运转室（信号楼）后，方能开放该旅客列车的出站信号。

(3)中间站遇站停时间短，车站值班员确认铁鞋摆放回运转室（信号楼）困难时，由车站值班干部负责现场确认铁鞋的撤除。

7. 由车站担当专用线、段管线、工程线取送车作业时，由车站作业人员负责采取或撤除防溜措施；一批作业结束，车站作业人员与专用线、段管线、工程线指定人员在《防溜交接簿》上办理防溜互签后，方准摘开机车。

8. 作业中，机车车辆连挂后，可先撤除靠机车端车辆的防溜措施，确认连挂妥当后，方准撤除另一端车辆的防溜措施。

9. 车站防溜措施检查巡视制度。对使用车站防溜器具（含人力制动机）的站内停留车辆，落实责任人，严格执行 3～4 h 巡视检查制度，建立“停留车辆防溜检查巡视登记簿”，并按规定认真填写。配置使用智能防溜铁鞋的车站，在智能铁鞋功能正常情况下，不执行 3～4 h 巡视检查制度，但仍须执行交接班防溜巡视检查，且作业时间超过 24 h 的班制，班中至少进行 1 次现场防溜巡视检查。

10. 当停留车辆与尽头站台的车钩缓冲装置连挂后，连挂端可不采取防溜措施。

11. 在分组采取防溜措施时，除两端车组外侧，其余车组及两端车组的内侧禁止使用铁鞋进行防溜。

12. 接到铁路局集团公司或工务部门关于大风天气预警的通知后，编区站到发线、调车线停留车辆应采取单防溜措施，编区站到发线、调车线以外线路停留车辆应采取双防溜措

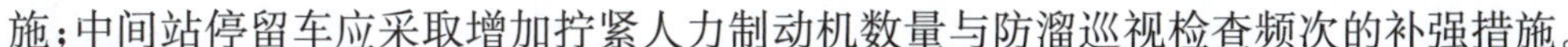

施；中间站停留车应采取增加拧紧人力制动机数量与防溜巡视检查频次的补强措施。

13. 铁路局集团公司批复可执行“单防溜”措施的中间站与线路（“单防溜”线路上坡端禁止使用铁鞋防溜）。

（1）天回镇站：到发线 3～8 道两端，货物线两端。

（2）大弯镇站：到发线 3、4、5、6、7、8、9、10、11、13 道青白江端。

（3）广汉站：到发线 3、4、6、8、10、12、14 道广元端。

（4）德阳站：Ⅱ场到发线 3、4、5、6、7、8、9 道广元端。

（5）广安站：到发线 5 道两端；调车线 9、11 道达州端，13、15 道两端。

（6）贵阳西站：到发线 3、4、6、8、10 道昆明端，调车线 10、12、14 道昆明端。

（三）禁止溜放的车辆、线路及其他限制，溜放调车和驼峰解散车辆的补充规定

1. 禁止溜放的车辆、线路及其他限制

（1）装有禁止溜放货物的车辆。

（2）非工作机车、动车、轨道起重机、大型养路机械、机械冷藏车、大型凹型车、落下孔车、客车和特种用途车。

（3）乘坐旅客的车辆及停有该车辆的线路。

（4）超过 2.5‰坡度的线路（为溜放调车而设的驼峰和牵出线除外）。

（5）停有正在进行技术检查、修理、装卸作业车辆及无人看守道口的线路。

（6）停有装载爆炸品、压缩气体、液化气体车辆的线路。

（7）停留车辆距警冲标的长度，容纳不下溜放车辆（应附加安全制动距离）的线路。

（8）中间站正线、到发线及与其衔接而未设隔开设备的线路。

（9）调车组不足 3 人时，禁止溜放作业。

（10）不准采用牵引溜放法调车。

2. 溜放调车和驼峰解散车辆的补充规定

下列情况禁止溜放调车：

（1）担任调车的机车为双机重联，调车机车挂有机车、机械冷藏车或轨道起重机时禁止平面溜放。

（2）人力制动机不良的车辆（使用减速顶、缓行器制动除外）。

（3）段管线、货物线、岔线。

（4）不准带风溜放。

（5）长轨列车车列不得溜放，禁止通过驼峰。

（6）货运票据记载有“禁止溜放”的车辆。

（7）天气不良（浓雾、暴风雨雪）和夜间照明不足，制动人员确认停留车位置有困难时。

（8）制动人员不够或制动人员未挂安全带时。

（9）在警冲标内保持 20 m（驼峰溜放为 30 m）安全制动距离后，容纳不下溜放车组的线路。

（10）发出列车的尾部尚未越过该线出站信号机或警冲标时，后部线路上禁止跟踪运行或向该线溜放作业。

（11）在中间站有电力接触网的线路上。

（12）平板车装载货物无制动人员站立位置的（减速器、减速顶制动除外）。

第三节 调车作业标准

一、基本规定

《铁路调车作业》(TB/T 30002—2020)规定了铁路调车作业的基本要求、准备作业、自动化驼峰作业、半自动化驼峰作业、简易驼峰作业、平面牵出线作业、编组列车作业、列车摘挂作业、取送车辆作业、停留车作业。

《铁路调车作业》(TB/T 30002—2020)适用于国家铁路、合资铁路、地方铁路、专用铁路及铁路专用线的调车作业。

(一)基本要求

1. 所有参加铁路调车作业人员,应根据车站的技术设备条件和作业性质,执行相应的调车作业标准。

2. 由于劳动组织、作业性质、技术设备、技术要求等不同,各企业可补充规定相应铁路调车作业标准;合资铁路、地方铁路和专用铁路的某些作业未纳入标准或因特殊要求执行《铁路调车作业》标准有困难的,可按本企业的标准或企业间协议认可的标准执行。

3. 由于作业组织方法和作业人员的职名不同,岗位作业标准中的作业人员分工,可按岗位责任制的规定执行,但不应简化标准中的技术要求。

(二)调车作业人员一班工作制度的基本要求

1. 休息、着装制。应保证班前充分休息,班中按规定着装。

2. 点名预想制。按时参加班前点名,开好安全预想。

3. 对号交接制。按作业分工实行对号交接。

4. 交班总结制。实现规定交班条件,做好班后工作总结。

(三)调车作业的基本要求

1. 调车工作应按《铁路调车作业》标准和车站的技术作业过程及调车作业计划进行。参加调车作业的人员应做到:

(1)及时编组、解体列车,保证按列车运行图的规定时刻发车,不影响接发列车。

(2)及时取送货物作业和检修的车辆。

(3)充分运用调车机车及一切技术设备,采用先进工作方法,用最少的时间完成调车任务。

(4)保证调车有关人员的人身安全及行车安全。

2. 调车工作要固定作业区域、线路使用、调车机车、人员、班次、交接班时间、交接班地点、工具数量及其存放地点。

作固定替换用的调车机车及小运转机车,应符合调车机车的条件(有前后头灯、扶手把、防滑脚踏板、无线调车灯显设备接口等)。

应使用符合标准的制动铁鞋及防溜器具,制动铁鞋及防溜器具应在规定的地点放置,用后归位。制动铁鞋应成组放置在鞋台上(在雪少地区可放在涂有特殊标记的钢轨外侧),每组铁鞋数量及组距由车站规定。

采取、撤除防溜措施时,摘车前无法采取防溜措施或挂妥后无法撤除防溜措施的线路,具体作业办法由企业规定。

(四)准备调车进路的规定

1. 在扳动道岔、操纵信号时,应执行"一看、二扳(按、点击)、三确认、四显示(呼唤)"制度。

2. 扳道人员扳动道岔准备调车进路时,先确认道岔开通位置,再扳向所需位置。

3. 确认分管区域内调车进路上的道岔开通位置正确后还道。

4. 扳道人员在显示道岔开通信号时,应先显示股道号码信号(有股道号码表示器装置除外)。

5. 使用无线调车灯显设备时,准许以语音通话方式办理要还道。

作业中,扳道人员应按调车作业计划的作业钩序进行扳道;扳道员、信号员、驼峰值班员(作业员)在每钩调车作业计划完成后,应立即抹销。

(五)调车作业速度及安全距离的规定

1. 在空线上牵引运行时,不应超过 40 km/h;推进运行时,不应超过 30 km/h;动车组后端操作时,不应超过 15 km/h。

2. 调动乘坐旅客或装载爆炸品、气体类危险货物、超限货物的车辆时,不应超过 15 km/h。

3. 距停留车位置十、五、三车时,速度分别不应超过 17 km/h、12 km/h、7 km/h,接近被连挂的车辆时,不应超过 5 km/h。

4. 推上驼峰解散车辆时的速度和装有加、减速顶的线路上的调车速度,由企业规定。经过道岔侧向运行的速度由企业规定。

5. 在尽头线上调车时,距线路终端应有 10 m 的安全距离;遇特殊情况近于 10 m 时,应严格控制速度。

6. 电力机车、动车组在有接触网终点的线路上调车时,应控制速度,距接触网终点标应有 10 m 的安全距离;遇特殊情况近于 10 m 时,应严格控制速度。

7. 遇天气不良等非正常情况,应适当降低速度。

(六)使用无线调车灯显设备的规定

1. 无线调车灯显设备正常使用时停用手信号,对灯显以外的作业指令采用通话方式。调车人员应正确及时发出信号指令和用语,做到用语标准、吐字清晰(作业用语由企业规定)。无线调车灯显设备发生故障时,改用手信号指挥作业。如调车组人员间电台通话功能良好时,作业中仍可使用电台相互联系,但调车长应改用手信号方式指挥司机。

2. 使用无线调车灯显设备指挥调车作业时,应执行单一指挥的原则,指挥机车的调车指令和用语,只能由调车长发出。

3. 使用无线调车灯显设备调车作业时,不准许发出与调车作业无关的用语;其他无关人员不准许使用;不准许私自变更频率;调车长不准许向连结员(制动员①)放权使用;调车作业人员不到位,不准许指挥动车或作业;不准许简化调车作业程序。

4. 调车长于接班后(作业前)应认真组织调车组、司机等有关人员对无线调车灯显设备信令、通话等功能进行试验,具体试验方法、试机通话用语及要求等由企业规定。

---

①本书中,制动员是指连结员岗位中负责执行《铁路调车作业》(TB/T 30002—2020)制动员技术作业的人员。

5. 调车作业中,需进入车档或车下进行摘结软管、调整钩位等作业前,连结员(制动员)应使用无线调车灯显设备及时向调车长汇报,得到同意后按下紧急停车按钮,方可进行作业。当发现危及人身和行车安全时,调车人员应及时发出停车信号(紧急停车指令)或用语,司机接收到停车信号(紧急停车指令)或用语后应立即停车。

作业完毕或于紧急停车原因消除后,发出紧急停车指令的人员应及时向调车长汇报并“解锁”。

6. 未安装固定式机车控制器的机车,担当调车作业时可使用便携机车控制器。作业开始前由调车人员将便携机车控制器送上机车,安置在适当位置,作业完了由调车人员取回。在作业中需要变更司机室操纵时,由司机将便携机车控制器移至需要位置,并负责连接。

7. 无固定调车机车的车站,可根据需要配备便携机车控制器,一台使用,一台备用。

8. 无线调车灯显信号的显示方式(图 3-5)应符合如下无线调车灯显信号的显示方式规定。

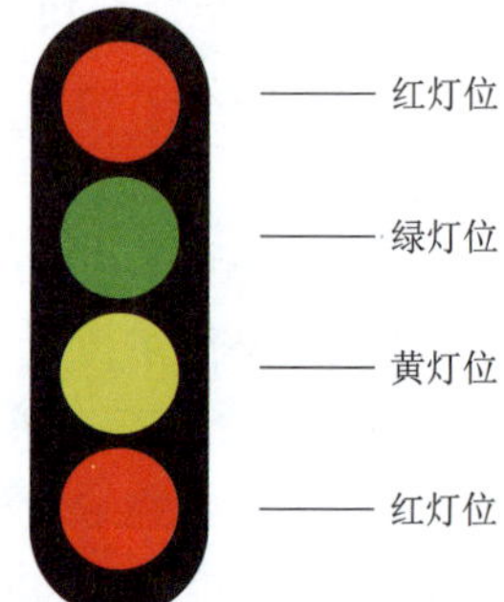

图 3-5　无线调车灯显设备的显示方式

(1)一个红灯——停车信号。

(2)一个绿灯——推进信号。

(3)绿灯闪数次后熄灭——起动信号。

(4)绿、红灯交替后绿灯长亮——连结信号。

(5)绿、黄灯交替后绿灯长亮——溜放信号。

(6)黄灯闪后绿灯长亮——减速信号。

(7)黄灯长亮——十、五、三车距离信号:

十车距离信号(加辅助语音提示);五车距离信号(加辅助语音提示);三车距离信号(加辅助语音提示)。

(8)两个红灯——紧急停车信号。

(9)先两个红灯后熄灭一个红灯——解锁信号。

二、准备作业

(一)铁路调车准备作业程序(图 3-6)

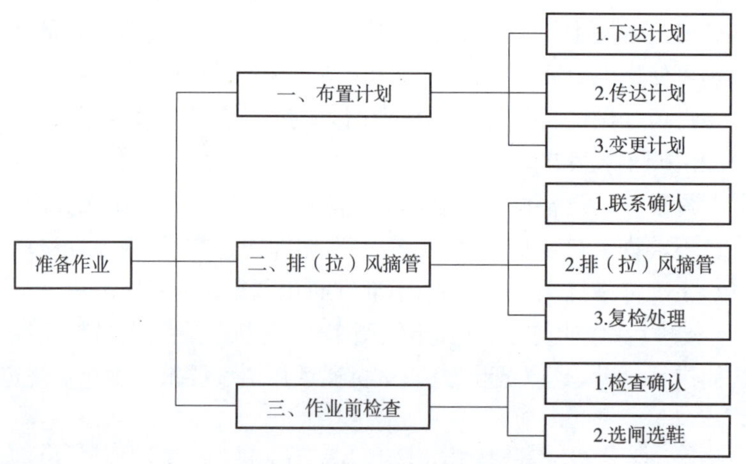

图 3-6　铁路调车准备作业程序

(二)铁路调车准备作业(表 3-1)

表 3-1　铁路调车准备作业

作业程序			岗位作业		事项要求
程序	项目	内容	作业人员	技术要求	
一、布置计划	1. 下达计划	(1) 计划编制	调车领导人	a)应正确及时地编制、布置调车作业计划。布置调车作业计划,应使用调车作业通知单(企业另有特殊规定时除外);普速铁路中间站利用本务机车调车以及高速铁路车站进行有车辆摘挂的调车作业时,应使用有示意图的调车作业通知单(示意图可另附) b)调车作业通知单按企业规定格式符号及要求填写	《铁路调车作业》标准中"高速铁路"是指 200 km/h 及以上的铁路和 200 km/h 以下仅运行动车组列车的铁路 《铁路调车作业》标准中"普速铁路"是指 200 km/h 以下的铁路(仅运行动车组列车的铁路除外) 由于设备原因,亲自交接计划确有困难以及设有调车作业通知单传输装置的车站,交接办法由企业规定
		(2) 计划下达	调车领导人 调车指挥人	c)调车领导人与调车指挥人应亲自交接(连续作业时可由连结员接取)计划,并布置作业要求和注意事项;由列车调度员担当调车领导人时,可指派胜任人员代为转达 d)一批作业不超过三钩可用口头方式布置(普速铁路中间站利用本务机车调车及高速铁路车站进行有车辆摘挂的调车除外),有关人员应复诵	
	2. 传达计划	(1) 传达计划	调车指挥人	a)调车指挥人应亲自向司机交递调车作业通知单,传达作业方法及注意事项 b)对较远的制动组及扳道组,传达计划的办法由企业规定 c)一批作业不超过三钩可用口头方式布置(普速铁路中间站利用本务机车调车及高速铁路车站进行有车辆摘挂的调车除外),有关人员应复诵	—
		(2) 作业分工	调车指挥人	d)向调车组人员传达计划时(连续作业、向其他有关人员传达计划有困难时,可指派连结员进行),应明确分工,布置重点注意事项,并及时听取复诵	—
			调车人员	e)接受调车作业计划后,按分工做好准备	
	3. 变更计划	(1) 变更限制	调车领导人 调车指挥人	a)变更计划(指一张调车作业通知单)不超过三钩时,可以口头方式传达(普速铁路中间站利用本务机车调车及高速铁路车站进行有车辆摘挂的调车时除外),有关人员应复诵。仅变更作业方法或辆数时,不受口头传达三钩的限制,但调车指挥人应向有关人员传达清楚	—
			调车指挥人	b)变更股道时,应停车传达。驼峰解散车辆,只变更钩数、辆数、股道时,可不通知司机,但调车机车变更为下峰作业或向禁溜线送车前,应通知司机	
			调车指挥人	c)作业中变更计划,影响编组顺序、股道停车顺序和车数时,要取得调车领导人的同意;变更正线、到发线的调车作业计划时,应事先取得车站值班员同意	
		(2) 变更后报告	调车指挥人	d)普速铁路,岔线、段管线、货物线内的调车作业计划与实际情况不符时,调车指挥人可自行修订计划,并传达清楚。作业完了及时向调车领导人汇报	—

续上表

作业程序			岗位作业		事项要求
程序	项目	内容	作业人员	技术要求	
二、排(拉)风摘管	1.联系确认	(1)联系	调车人员	a)作业前应与调车领导人联系,了解列车到达情况和解体顺序,做到车次、股道、时间、钩序(或组号)清楚,多人作业时,做好分工	—
		(2)确认	调车人员	b)列车到达后,确认列检到达试风完毕,方可开始排(拉)风	无列检作业的列车除外
		(3)防护	调车人员	c)排(拉)风摘管,应按规定做好防护	—
	2.排(拉)风摘管	(1)排(拉)风	调车人员	a)缓缓打开折角塞门,放出制动主管的风。排放制动缸余风,做到风排净、不漏排、不抱闸,排(拉)风作业在列车解体前完成	—
		(2)摘管	调车人员	b)根据调车作业计划或车号员的开口通知单(或粉笔标记)正确摘管	
	3.复检处理	(1)检查	调车人员	a)检查(核对)禁止溜放、禁止通过驼峰、不宜使用铁鞋制动的车辆;未下达计划的将检查情况报告调车领导人,已下达计划的将核对不一致的情况报告调车领导人和调车指挥人 b)排(拉)风摘管后,逐辆检查,发现问题及时处理	调车人员检查有困难时,由企业规定检查办法
		(2)处理	调车指挥人	c)根据报告或指示,在调车作业通知单上注明人力制动机制动、禁止溜放或禁止过峰车的钩序,并向有关人员传达清楚	
三、作业前检查	1.检查确认	(1)检查工具备品	调车人员	a)检查无线调车灯显设备、手信号灯(旗)、安全带、号角、口笛、防溜器具、铁鞋叉子、提钩摘管器、制动软管胶圈、简易紧急制动阀等	车站未规定使用的工具、备品除外
		(2)检查线路	连结员 制动员	b)检查线路上有无障碍物,防护信号是否撤除,大门开启状态,调车组扳动的道岔是否良好及开通位置,线路两旁及站台上堆放货物距离是否符合规定。不符合规定要求时,不允许进行调车作业	—
		(3)检查车辆	连结员 制动员	c)根据调车作业计划核对车辆、注意事项,检查停留车位置(开口车号)、连挂状态,有无压鞋、人力制动机是否松开,调整好钩位	
	2.选闸选鞋	(1)选闸	连结员 制动员	a)使用人力制动机制动时,应提前检查闸链、闸杆、闸盘、闸台等是否完好。按照"选前不选后、选重不选空、选高不选低、选大不选小、选标不选杂、选双不选单"的要求进行选闸,使用折叠式人力制动机,应事先做好准备	—
		(2)选鞋	制动员	b)使用铁鞋制动时,应准备足够数量且符合标准的铁鞋	

三、平面线出线作业

(一)铁路调车平面牵出线作业程序(图 3-7)

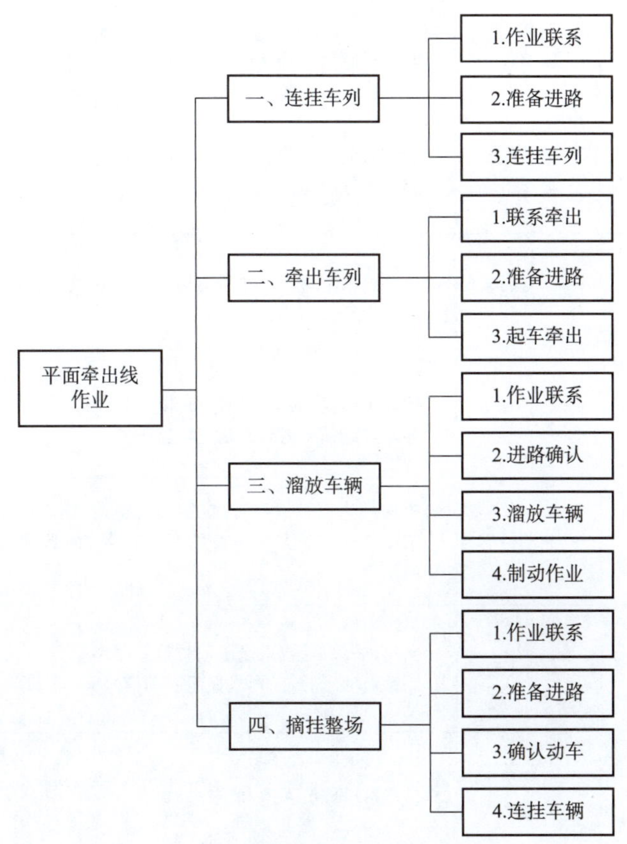

图 3-7　铁路调车平面牵出线作业程序

(二)铁路调车平面牵出线作业(表 3-2)

表 3-2　铁路调车平面牵出线作业表

作业程序			岗位作业		事项要求
程序	项目	内容	作业人员	技术要求	
一、连挂车列	1.作业联系	(1)布置联系	调车长	a)根据计划要求，了解作业准备情况，通知司机开始作业	—
		(2)指挥动车	调车长	b)显示起动信号，指挥司机动车，司机按信号显示运行	

续上表

作业程序			岗位作业		事项要求
程序	项目	内容	作业人员	技术要求	
一、连挂车列	2.准备进路	(1)请求挂车	信号员 扳道员	a)根据计划,提出挂车请求,在正线、到发线上调车时,应经过车站值班员的准许	—
		(2)准备进路	信号员 扳道员	b)根据计划或要道信号,按规定准备进路,确认进路开通正确	
		(3)立岗还道	扳道员	c)显示股道号码和道岔开通信号,立岗监视机车车辆走行	
	3.连挂车列	指挥挂车	调车长	a)接近车列,确认具备挂车条件 b)显示连结信号,指挥机车连挂	
二、牵出车列	1.联系牵出	(1)信号联系	制动员	a)提前到达取车地点,按规定摘管提钩,核对取车末端车号,确认调车长的联络信号,向调车长回示	—
		(2)指挥动车	调车长	b)向车列开口处或末端制动员显示联络信号,确认制动员回示后,向司机显示起动信号	
	2.准备进路	(1)请求作业	信号员 扳道员	a)与车站值班员联系,请求牵出	—
		(2)准备进路	信号员 扳道员	b)根据计划或要道信号,按规定准备进路,确认进路开通正确	
		(3)立岗还道	扳道员	c)显示股道号码和道岔开通信号,立岗监视机车车辆走行	
	3.起车牵出	(1)确认牵出	制动员	a)确认车列起动无误后,向调车长回示	—
			调车长	b)确认开口处或末端制动员的回示,注意调车人员上车及安全等情况,向司机回示“好了”信号	
		(2)核对确认	连结员	c)车列牵出,按计划查车数,核对提钩处制动软管摘开、无抱闸车及牵出车列最后一辆车号正确	遇特殊情况,连结员不能确认牵出车列最后一辆车号时,由制动员负责确认
		(3)指挥停车	调车长	d)根据作业计划,确认车列停车所需位置,指示司机停车	—

续上表

作业程序			岗位作业		事项要求
程序	项目	内容	作业人员	技术要求	
三、溜放车辆	1.作业联系	(1)联系溜放	调车长	a)通知各作业点解体车次、股道、防溜措施及重点注意事项，听取制动员准备好了的报告	—
		(2)汇报上岗	制动员	b)向调车长报告准备好了 c)人力制动机制动，试闸良好后，向调车长或连结员报告试闸良好	
			连结员	d)检查核对车组无误，确认制动员试闸“好了”信号(或试闸良好的报告)，向调车长报告	
	2.进路确认	(1)准备进路	信号员	a)按规定准备进路，确认进路开通正确	—
			扳道员	b)连续溜放第一钩执行要道还道制度(集中联锁设备除外)	
		(2)对道确认	调车长	c)非集中区第一钩确认扳道员道岔开通信号，集中区确认调车信号开放，指示开始作业	
	3.溜放车辆	(1)掌握溜放	调车长	a)开放(或显示溜放)信号。根据停留车位置、气候条件、车组大小、空重、车辆走行状态、难易行线等情况，掌握溜放速度，保证溜放车组速度均匀，间隔适当 b)发现异常情况，果断处理	溜放车组间隔距离由企业规定
		(2)提钩作业	连结员	c)按计划核对车数、车号，随时确认调车长信号或调车信号机显示状态，根据车组大小、车辆走行性能、气候条件、难易行线、间隔距离、禁溜车等情况，正确提钩，发现异常情况，及时报告或采取停车措施	
		(3)扳道作业	信号员 扳道员	d)按计划准备进路，监视溜放车组走行 e)扳道员做到溜放车组间隔不足规定距离不扳，未过联动道岔不扳，有压标车或有侧面冲突的可能时不扳 f)发现异常情况，果断采取措施处理	
	4.制动作业	(1)人力制动机制动	制动员	a)人力制动机制动时，抓牢站稳，按规定使用安全带，进行试闸 b)试好闸后，向调车长或连结员显示(报告)试闸良好 c)正确观速观距，观前顾后，均衡调速，稳妥连挂 d)多人制动一车组，以第一位制动员为主，其他制动员听从第一位制动员指挥 e)制动完了，松开人力制动机(按规定防溜时除外)	—
		(2)脱鞋调速	制动员	f)根据计划，掌握重点车组、重点股道、人员技术、停留车位置、气候条件、安全注意事项，监视各股道车组走行，认真观速观距，正确调速 g)发生危及行车安全情况时，及时采取措施或向制动人员报警 h)一批作业完了，及时将铁鞋归位、摆齐	

续上表

作业程序			岗位作业		事项要求
程序	项目	内容	作业人员	技术要求	
三、溜放车辆	4.制动作业	(3)铁鞋制动	制动员	i)根据计划钩序、辆数、空重、难易行线、停留车位置、车辆走行、气候条件等,采用相应的下鞋方法;但单个车辆应"一车三鞋单轨双基本",小组车应下基本鞋 j)选择适宜地点,准备足够数量且符合标准的铁鞋,遇天气不良或钢轨有油渍、盐、碱、冰、雪、霜等情况时,撒好沙子,正确观速观距,准确安放铁鞋,做到安全连挂或车组间天窗不大于4 m k)一批作业完了,及时撤除铁鞋,归位、摆齐	—
			调车长	l)压鞋时的处理方法,由企业规定。根据作业进度或在一批作业完了,及时安排取出	
四、摘挂整场	1.作业联系	作业联系	调车长	a)根据计划要求,通知有关人员做好摘挂车整场准备 b)需越区作业时,同时按规定办理越区作业手续	—
	2.准备进路	(1)准备进路	信号员 扳道员	a)根据计划或要道信号,按规定准备进路,确认进路开通正确	—
		(2)立岗还道	扳道员	b)显示股道号码和道岔开通信号,立岗监视机车车辆走行	
	3.确认动车	确认动车	调车长	a)推进运行时,确认扳道员股道号码和道岔开通信号,集中区确认调车信号,瞭望进路,指挥运行 b)单机或牵引运行时,向司机显示起动信号,指示动车	—
	4.连挂车辆	(1)检查线路	制动员	a)检查线路、停留车辆,调整好钩位	—
		(2)推送车辆	调车长 制动员	b)推送车辆应先试拉,车列前部应有人进行瞭望,及时显示信号。当调车长确认停留车位置困难时,应派人显示停留车位置信号。末端车辆距信号机(警冲标)不足30 m时,应采取安全措施	
			调车长	c)使用手信号作业时,应位于易于瞭望前方,又能使司机看见所显示信号的位置	—
			连结员 制动员	d)使用手信号作业时,中转信号人员位置适当,正确及时一致地中转信号	
		(3)连挂车辆	调车长 连结员 制动员	e)推进挂车时,车列前部应有人瞭望,正确及时显示"十、五、三车"距离信号 f)连续连挂时,可不停车连挂,应确认连挂状态,车组间隔超过10车时,应顿钩或试拉;末端车辆距信号机(警冲标)不足30 m时,应采取安全措施 g)推送或牵出车辆前,按规定确认车列挂妥	

四、编组列车作业

(一)铁路调车编组列车作业程序(图 3-8)

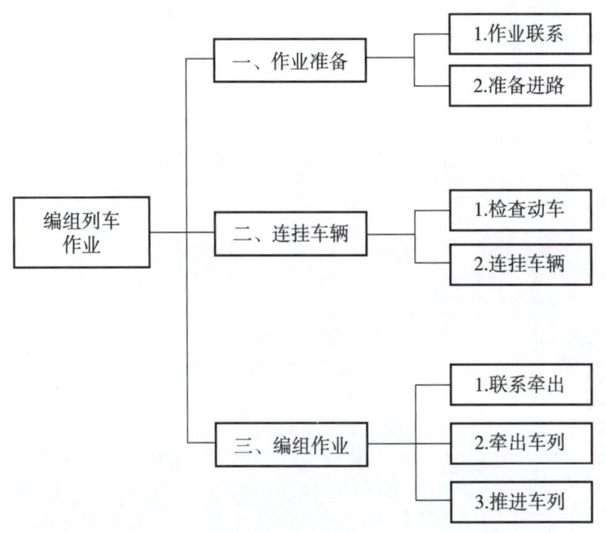

图 3-8 铁路调车编组列车作业程序

(二)铁路调车编组列车作业(表 3-3)

表 3-3 铁路调车编组列车作业

作业程序			岗位作业		事项要求
程序	项目	内容	作业人员	技术要求	
一、作业准备	1.作业联系	(1)联系编车	调车区长	a)根据计划要求,与有关人员联系编车	调车区长有关作业可由车站调度员办理
		(2)联系进路	扳道员 调车长	b)在正线、到发线上调车时,应经过车站值班员的准许	
			调车区长	c)需越区作业时,同时按规定办理越区作业手续	
	2.准备进路	(1)准备进路	扳道员 信号员 驼峰作业员	a)根据计划或要道信号,按规定排列进路、开放调车信号,确认进路开通正确	—
		(2)立岗还道	扳道员	b)显示股道号码和道岔开通信号,立岗监视机车车辆走行	

续上表

<table>
<tr><th colspan="3">作业程序</th><th colspan="2">岗位作业</th><th rowspan="2">事项要求</th></tr>
<tr><th>程序</th><th>项目</th><th>内容</th><th>作业人员</th><th>技术要求</th></tr>
<tr><td rowspan="4">二、连挂车辆</td><td rowspan="2">1.检查动车</td><td>(1)挂车检查</td><td>连结员
制动员</td><td>a)挂车前检查线路、防溜措施、停留车辆、关门车等,调整好钩位</td><td rowspan="2">—</td></tr>
<tr><td>(2)指挥动车</td><td>调车长</td><td>b)确认道岔开通信号或调车信号(单机或牵引运行时除外),向司机显示起动信号</td></tr>
<tr><td rowspan="2">2.连挂车辆</td><td>(1)选分车组</td><td>调车人员</td><td>a)按计划要求分解及编组车组</td><td rowspan="2">—</td></tr>
<tr><td>(2)信号显示</td><td>调车长
连结员
制动员</td><td>b)连挂车辆时,正确及时显示“十、五、三车”距离信号(单机除外),并得到司机回示,没有回示,立即显示停车信号;单机挂车时,接近车列下车,向司机显示连结信号
c)连续连挂时,可不停车连挂,应确认连挂状态,车组间隔超过 10 车时,应顿钩或试拉;末端车辆距信号机(警冲标)不足 30 m 时,应采取安全措施。进入车档作业前,应有调车人员的停车信号防护;按规定做好对停留车辆防溜措施的设置及撤除
d)确认挂妥后,推进运行前,向调车长显示试拉信号,全部起动后显示“好了”信号</td></tr>
<tr><td rowspan="7">三、编组作业</td><td rowspan="2">1.联系牵出</td><td>(1)联系转线</td><td>扳道员
信号员
驼峰作业员
调车区长</td><td>a)按规定准备进路,确认进路开通正确。需越区作业时,同时按规定办理越区作业手续。需转场作业时,应征得他场值班员同意</td><td rowspan="2">调车区长有关作业可由车站调度员办理</td></tr>
<tr><td>(2)信号联系</td><td>调车长</td><td>b)确认制动员的起动信号,向司机显示起动信号,指挥机车牵出</td></tr>
<tr><td rowspan="3">2.牵出车列</td><td rowspan="2">(1)监视走行</td><td>调车长</td><td>a)牵出车列起动后,确认制动员“好了”信号,注意调车人员上车及安全等情况,向司机显示“好了”信号</td><td rowspan="3">—</td></tr>
<tr><td>扳道员</td><td>b)进路准备妥当后,立岗监视机车车辆走行</td></tr>
<tr><td>(2)指挥停车</td><td>调车长</td><td>c)确认车列牵至所需位置,指示司机停车</td></tr>
<tr><td rowspan="2">3.推进车列</td><td>(1)确认进路</td><td>连结员
制动员</td><td>a)非集中区确认扳道员道岔开通信号;集中区确认调车信号开放,按作业要求显示信号</td><td rowspan="2">—</td></tr>
<tr><td>(2)推进运行</td><td>调车长
连结员
制动员</td><td>b)推进车列,车列前部应有人进行瞭望,及时显示信号。当调车长确认停留车位置有困难时,应派人显示停留车位置信号。末端车辆距信号机(警冲标)不足 30 m 时,应采取安全措施</td></tr>
</table>

续上表

作业程序			岗位作业		事项要求
程序	项目	内容	作业人员	技术要求	
三、编组作业	3.推进车列	(2)推进运行	调车长	c)使用手信号作业时,应位于易于瞭望前方,又能使司机看见所显示信号的位置	—
			连结员 制动员	d)使用手信号作业时,中转信号人员位置适当,正确及时一致地中转信号	
			调车长 连结员 制动员	e)连挂车辆时,正确及时显示“十、五、三车”距离信号,并得到司机回示,没有回示,立即显示停车信号 f)编组车列,确认车列挂妥后应进行试拉。根据需要,将车列停放在适当地点或企业规定的位置,按规定采取防溜措施后摘钩	
		(3)编成复检	连结员 制动员	g)对编成车列复检车辆是否连挂妥当、关门车编挂位置及数量是否符合规定、防溜措施以外的人力制动机(人力制动机紧固器)或铁鞋是否撤除(由其他人员负责检查时除外) h)车列编成后,向调车领导人报告	

五、列车摘挂作业

(一)铁路调车列车摘挂作业程序(图 3-9)

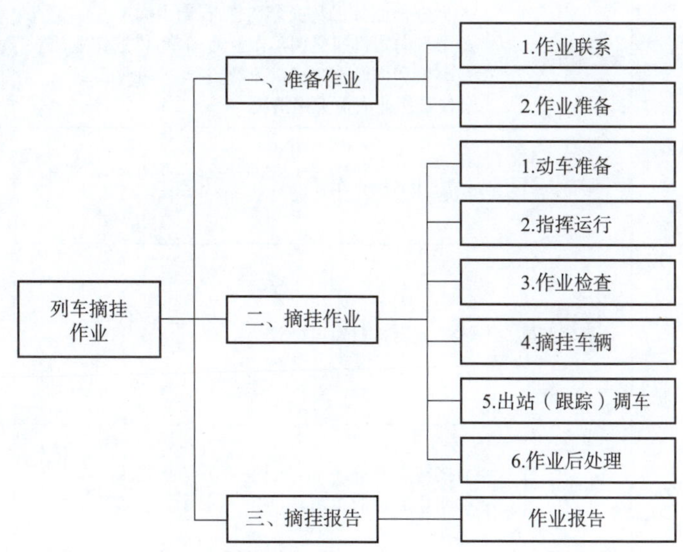

图 3-9　铁路调车列车摘挂作业程序

(二)铁路调车列车摘挂列车作业(表 3-4)

表 3-4 铁路调车列车摘挂列车作业

作业程序			岗位作业		事项要求
程序	项目	内容	作业人员	技术要求	
一、准备作业	1.作业联系	(1)抄收确报	车站值班员(车站调度员或调车区长)	a)根据列车运行计划,与列车调度员联系,了解摘车的位置、车数、货物品名及收货人,空车了解车种、吨位 b)将车站待挂车辆报告列车调度员,确定挂车车次、位置、预计作业时间	—
		(2)联系取送	车站值班员(车站调度员或调车区长)	c)与货运人员联系,商定摘车地点,确定装卸作业时间;待挂车辆应掌握装卸进度 d)通知货运人员做好取送车准备	
	2.作业准备	(1)计划传达	车站值班员	a)中间站作业时,在办理列车闭塞(预告)后,通知调车作业人员做好准备工作	未设调车长的车站,调车长的工作由车站值班员、助理值班员担当,遇有特殊情况,可由胜任人员代替
			车站(助理)值班员	b)编组(区段)站,列车成组摘挂或临时甩车,需本务机车作业时,由车站值班员通知助理值班员联系、指挥调车作业并按规定联系进路(使用无线调车灯显设备指挥作业时,同时将无线调车灯显设备便携机车控制器送上机车并安置在适当位置)	
			车站调度员(调车区长)	c)向调车指挥人传达计划及注意事项	
			调车长	d)做好作业分工及安全预想,提前上岗 e)亲自向司机递交调车作业通知单,传达作业注意事项和作业方法 f)检查作业人员上岗情况	
		(2)检查车辆	调车人员	g)按计划检查车辆	
		(3)排(拉)风摘管	调车人员	h)按规定排(拉)风摘管	
二、摘挂作业	1.动车准备	(1)准备进路	有关人员	a)按规定准备进路,确认进路开通正确 b)集中联锁的车站,监视信号显示	—
		(2)要道还道	调车人员	c)认真执行要道还道制度	
	2.指挥运行	(1)指挥牵出	调车长	a)指挥动车前,确认调车人员回示的起动信号;向司机显示起动信号,车列起动后,确认调车人员的“好了”信号,注意调车人员上车及安全等情况,向司机显示“好了”信号	—

续上表

作业程序			岗位作业		事项要求
程序	项目	内容	作业人员	技术要求	
二、摘挂作业	2.指挥运行	(2)指挥推进	调车长 连结员 制动员	b)推送车辆应先试拉；车列前部应有人进行瞭望，及时显示信号；当调车长确认停留车位置困难时，应派人显示停留车位置信号；末端车辆距信号机(警冲标)不足 30 m 时，应采取安全措施 c)使用手信号作业时，调车长应位于易于瞭望前方，又能使司机看见所显示信号的位置	—
			连结员 制动员	d)使用手信号作业时，中转信号人员位置适当，正确及时一致地中转信号	
		(3)返岔要求	调车人员	e)当车辆越过电锁器联锁的联动道岔需返岔时，调车人员应向扳道员显示过岔的“好了”信号	
	3.作业检查	(1)检查线路	调车人员	a)进入专用线道岔(集中联锁区除外)、大门、装卸地点前应一度停车，亲自或派人检查线路、道岔(集中联锁区除外)、大门、停留车等后，方准进入	已事先有人检查除外，有协议的按协议执行
		(2)确认通风	调车人员	b)按规定连结制动软管，确认通风良好；使用简易紧急制动阀时，还应确认简易紧急制动阀作用良好	连结制动软管数量由企业规定
	4.摘挂车辆	(1)摘车防溜	调车人员	a)摘车时，应在车辆停妥后，按规定采取好防溜措施后再提钩	—
		(2)挂车防溜	调车人员	b)挂车时，挂妥后，再撤除防溜措施	
		(3)连挂车辆	调车人员	c)连挂车辆时，正确及时显示“十、五、三车”距离信号(单机除外)，并得到司机回示，没有回示，立即显示停车信号 d)连续连挂时，可不停车连挂，应确认连挂状态，车组间隔超过 10 车时，应顿钩或试拉。末端车辆距信号机(警冲标)不足 30 m 时，应采取安全措施 e)摘挂列车挂妥后，应进行试拉	
	5.出站(跟踪)调车	(1)请求出站	车站值班员	a)按规定办理越出站界(跟踪出站)调车作业手续 b)通知邻站出站调车时间，填记行车日志 c)两端站揭挂表示牌	需填写出站(跟踪)调车作业通知书时，如调车机车距行车室较远，调车长可根据车站值班员的通知填写，并与车站值班员核对正确后交予司机 高速铁路车站，出站调车要求由企业规定
		(2)填发通知书	车站值班员	d)按规定填记出站(跟踪)调车通知书，核对无误后交给调车长，并通知有关人员	
			调车长	e)核对无误后方准交给司机进行作业	
		(3)出站(跟踪)调车	车站值班员	f)通知调车长出站(跟踪)调车的注意事项	
			调车长	g)作业完了后，收回出站(跟踪)调车通知书并注销，向车站值班员进行汇报	

续上表

作业程序			岗位作业		事项要求
程序	项目	内容	作业人员	技术要求	
二、摘挂作业	5.出站（跟踪）调车	(4)开通区间	车站值班员	h)向列车调度员报告作业完了 i) 出站调车完毕，按规定与邻站办理开通区间手续，开通区间；跟踪调车完毕，通知邻站作业完了时间，两站均在行车日志记事栏记入跟踪作业完了时间 j) 摘下表示牌	—
	6.作业后处理	(1)道岔恢复定位	有关人员	a)作业完了后，按规定将道岔恢复定位，并向车站值班员报告	—
		(2)调车结束报告	调车长	b)使用本务机车调车作业时，取回机车上临时安置的无线调车灯显设备便携机车控制器 c)将车辆停留及防溜措施等事项报告车站值班员	
三、摘挂报告	作业报告	向列车调度员报告	车站值班员	作业完毕后向列车调度员报告	—

六、取送车辆作业

一、铁路调车取送车辆作业程序(图 3-10)

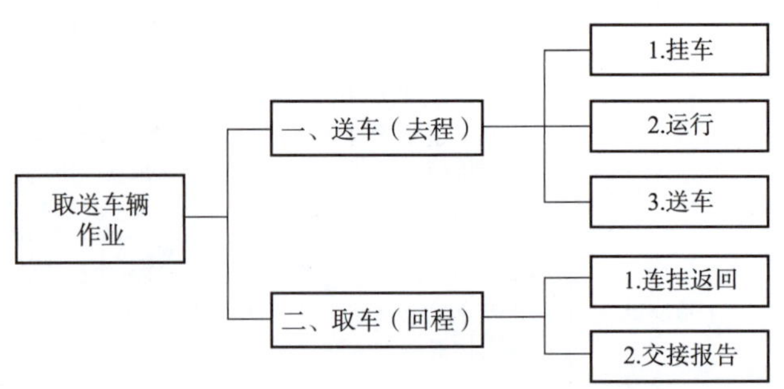

图 3-10　铁路调车取送车辆作业程序

(二)铁路调车取送车辆作业(表 3-5)

表 3-5 铁路调车取送车辆作业

作业程序			岗位作业		事项要求
程序	项目	内容	作业人员	技术要求	
一、送车(去程)	1.挂车	(1)挑选车组	调车人员	a)按作业计划要求,挑选车组	—
		(2)连挂车辆	调车长 连结员 制动员	b)显示连结信号,指示挂车;挂妥后,撤除防溜措施;对遗留车辆应先采取防溜措施,再摘开车钩 c)向调车长显示试拉信号,确认尾部最后一辆车起动后,向调车长显示"好了"信号	
		(3)接管通风	调车长 连结员 制动员	d)按规定连结制动软管,确认通风良好;使用简易紧急制动阀时,还应确认简易紧急制动阀作用良好	连结制动软管数量由企业规定
	2.运行	(1)要道动车	连结员 制动员	a)应按规定执行要道还道制度。推进运行时,车列前部瞭望人员得到扳道员道岔开通信号或确认调车信号开放正确后,向调车长显示起动信号(或通知调车长显示起动信号)	—
			调车长	b)确认连结员(制动员)显示起动信号后,向司机显示起动信号	
		(2)起车运行	连结员制动员	c)牵引运行时,确认车列起动无误,向调车长显示"好了"信号	
			调车长	d)牵引运行时,确认连结员(制动员)的"好了"信号,注意调车人员上车及安全等情况,向司机显示"好了"信号 e)使用手信号作业时,应位于易于瞭望前方,又能使司机看见所显示信号的位置	
			连结员 制动员	f)使用手信号作业时,中转信号人员位置适当,正确及时一致地中转信号	
			调车长 连结员 制动员	g)车列运行中,进行瞭望,及时显示信号;推进运行经过无人看守道口前,应显示指示司机鸣笛的信号,适当控制速度 h)走行线上由调车人员扳动的道岔,开通走行线并加锁时,可不停车检查,运行中应加强瞭望	
	3.送车	(1)检查确认	调车长 连结员 制动员	a)进入货物线、岔线、段管线前,应派人检查线路及停留车,确认道岔(由调车人员扳动的道岔)开通位置正确,装卸停止,防护信号及装卸机具已撤除	企业间有协议的按协议执行
		(2)摘车防溜	调车长 连结员 制动员	b)按调车计划及送车地点工作人员的要求,对好位置,按规定采取防溜措施	

续上表

作业程序			岗位作业		事项要求
程序	项目	内容	作业人员	技术要求	
二、取车（回程）	1. 连挂返回	(1)连挂	调车人员	a)按“程序一项目 1 挂车和项目 2 运行”的岗位作业标准执行 b)挂车前，应确认装卸停止、防护信号及装卸机具已撤除，车下无障碍	停车后起动困难时，不停车进入站内的办法，由企业规定
		(2)要道	调车人员	c)由货物线、岔线、段管线返回时，应确认扳道人员的道岔开通信号或调车信号开放正确后，进入指定的股道	
	2. 交接报告	(1)交接	调车人员	a)规定由调车人员交递货运票据时，应负责交清货运票据	—
		(2)报告	调车长 连结员 制动员	b)每次作业完毕，应将停留车位置及防溜措施、计划变更的情况等，一并向调车领导人报告清楚	

七、停留车作业

(一)揭示符号

防溜器具揭示符号规定如下：

1. 人力制动机——⊗；
2. 铁鞋(止轮器)——◺或◺2；
3. 人力制动机紧固器——＄1 或+1>；
4. 停车器——‖；
5. 防溜枕木——▯。

注：符号中数字根据实际使用的器具编号填记。

(二)铁路调车停留车作业程序(图 3-11)

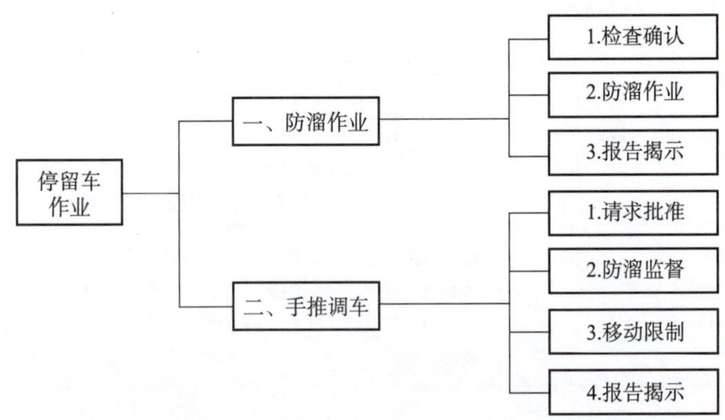

图 3-11　铁路调车停留车作业程序

(三)铁路调车停留车作业(表 3-6)

表 3-6　铁路调车停留车作业

作业程序			岗位作业		事项要求
程序	项目	内容	作业人员	技术要求	
一、防溜作业	1.检查确认	交接班检查	有关人员	交接班时,对防溜措施和防溜器具实行对号交接;需现场检查时,按企业规定执行	拧紧人力制动机的数量由企业规定,使用停车器防溜时,完全越出停车器的车辆仍需按规定采取防溜措施
	2.防溜作业	防溜措施设置与撤除	有关人员	调车作业中对停留车辆按规定设置、撤除防溜措施	
	3.报告揭示	(1)防溜报告	有关人员	a)对停留车进行防溜后,及时报告	
		(2)揭示防溜	有关人员	b)按规定揭示防溜措施时,用规定符号标明停留车的防溜措施	
二、手推调车	1.请求批准	(1)办理手续	有关人员	a)手推调车应办理请求手续,得到调车领导人的准许后,按规定进行手推调车	高速铁路车站不应手推调车
		(2)计划下达	车站值班员(调车领导人)	b)将手推调车作业计划(时间、经路和辆数)传达给有关人员 c)必要时通知扳道员防护	
	2.防溜监督	(1)制动防溜	制动人员	a)由胜任的制动人员负责制动,并提前试好人力制动机	货物线内能胜任人力制动机制动的人员由车站指定,并经车站考核公布
		(2)监督检查	调车长 货运人员	b)手推调车时,由调车长(未设调车长的车站为助理值班员或车站值班员)负责监督或进行人力制动机制动 c)在装卸线内移动车辆时,由货运人员监督、检查	
	3.移动限制	(1)辆数限制	车站值班员(货运人员)	a)每批移动不准许超过一辆重车或两辆空车	—
		(2)速度限制	推车人员	b)移动速度不准许超过 3 km/h	

续上表

<table>
<tr><th colspan="3">作业程序</th><th colspan="2">岗位作业</th><th rowspan="2">事项要求</th></tr>
<tr><th>程序</th><th>项目</th><th>内容</th><th>作业人员</th><th>技术要求</th></tr>
<tr><td rowspan="3">二、手推调车</td><td>3.移动限制</td><td>(3)特殊限制</td><td>车站值班员（货运人员）</td><td>c)手推调车，人力制动机作用应良好
d)推调车的其他限制条件由企业自定</td><td rowspan="3">—</td></tr>
<tr><td rowspan="2">4.报告揭示</td><td>(1)汇报制度</td><td>有关人员</td><td>a)手推调车完了后，应及时将车辆停留位置、防溜措施等情况报告调车领导人</td></tr>
<tr><td>(2)揭示防溜</td><td>车站值班员
调车长</td><td>b)揭示防溜措施时，用规定符号标明停留车的防溜措施</td></tr>
</table>

八、简易驼峰作业

(一)简易驼峰

简易驼峰的调车场头部大多采用复式梯线布置；道岔控制采用电气集中或非集中操纵；制动工具主要采用铁鞋。一般设在调车线不少于 5 条，每昼夜解体车数不小于 200 辆的区段站和类似区段站的车站上。简易驼峰建设于铁路早期，不少车站的调车场头部为单梯线布置形式，驼峰设备条件差。目前已不再建设此类驼峰，对既有的简易驼峰亦逐步进行改造。

(二)铁路调车简易驼峰作业程序(图 3-12)

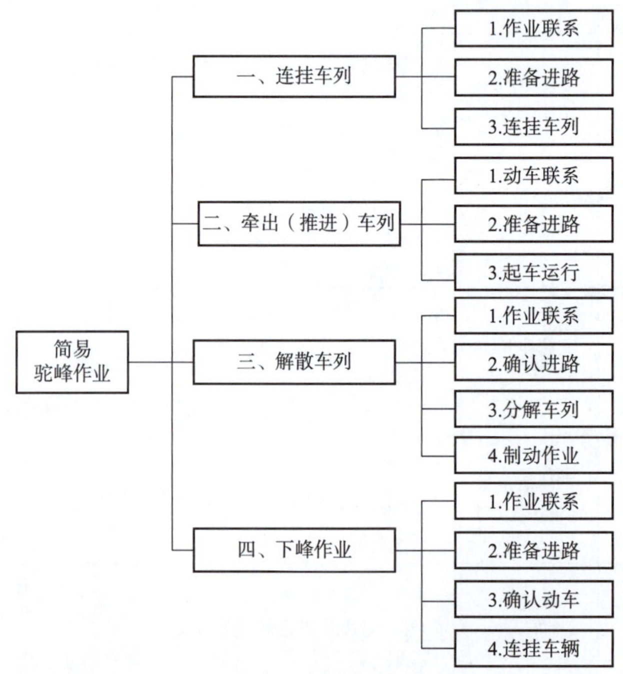

图 3-12　铁路调车简易驼峰作业程序

(三)铁路调车简易驼峰作业(表 3-7)

表 3-7 铁路调车简易驼峰作业

<table>
<tr><th colspan="3">作业程序</th><th colspan="2">岗位作业</th><th rowspan="2">事项要求</th></tr>
<tr><th>程序</th><th>项目</th><th>内容</th><th>作业人员</th><th>技术要求</th></tr>
<tr><td rowspan="6">一、连挂车列</td><td rowspan="2">1.作业联系</td><td>(1)作业联系</td><td>调车长</td><td>a)根据计划要求,向制动员了解作业准备情况,通知司机开始作业</td><td rowspan="2">—</td></tr>
<tr><td>(2)指挥动车</td><td>调车长</td><td>b)显示起动信号,指挥司机动车,司机按信号显示运行</td></tr>
<tr><td rowspan="3">2.准备进路</td><td>(1)请求挂车</td><td>扳道员
驼峰作业员</td><td>a)根据计划提出挂车请求,在正线、到发线上调车时,应经过车站值班员的准许</td><td rowspan="3">—</td></tr>
<tr><td>(2)准备进路</td><td>扳道员
信号员</td><td>b)根据计划或要道信号,按规定准备进路,确认进路开通正确</td></tr>
<tr><td>(3)立岗还道</td><td>扳道员</td><td>c)显示股道号码和道岔开通信号,立岗监视机车车辆走行</td></tr>
<tr><td>3.连挂车列</td><td>指挥挂车</td><td>调车长</td><td>a)接近车列,确认具备挂车条件,显示连结信号,指挥机车连挂
b)推进运行前,应进行试拉</td><td>—</td></tr>
<tr><td rowspan="5">二、牵出(推进)车列</td><td rowspan="2">1.动车联系</td><td>(1)信号联系</td><td>制动员</td><td>a)提前到达挂车地点,按规定摘管提钩,核对取车末端车号
b)推进运行时,在试拉后,向调车长显示起动信号</td><td rowspan="2">—</td></tr>
<tr><td>(2)指挥动车</td><td>调车长</td><td>c)确认制动员显示起动信号后,向司机显示起动信号</td></tr>
<tr><td rowspan="3">2.准备进路</td><td>(1)请求作业</td><td>信号员
扳道员</td><td>a)与车站值班员联系,请求牵出</td><td rowspan="3">—</td></tr>
<tr><td>(2)准备进路</td><td>信号员
扳道员</td><td>b)根据计划或要道信号,按规定准备进路,确认进路开通正确</td></tr>
<tr><td>(3)立岗还道</td><td>扳道员</td><td>c)显示股道号码和道岔开通信号,立岗监视机车车辆走行</td></tr>
</table>

续上表

作业程序			岗位作业		事项要求
程序	项目	内容	作业人员	技术要求	
二、牵出（推进）车列	3.起车运行	(1)确认信号	调车长	a)确认信号开放或还道信号显示正确(单机或牵引运行时除外),显示起动信号,指挥司机动车	—
			制动员	b)确认车列起动,向调车长显示“好了”信号	
			调车长	c)确认制动员的“好了”信号,注意调车人员上车及安全等情况,向司机显示“好了”信号	
		(2)核对确认	连结员	d)车列牵出时,按计划查对车数,核对提钩处制动软管摘开、无抱闸车及牵出车列最后一辆车号正确	遇特殊情况,连结员不能确认牵出车列最后一辆车号时,由制动员负责确认
		(3)指挥停车	调车长	e)根据作业计划确认车列停车所需位置,指示司机停车	—
三、解散车列	1.作业联系	(1)联系解散	调车长	a)通知各作业点解体车次、股道、防溜措施及重点注意事项,听取制动员准备好了的报告	其他需要注意的事项由车站自定
		(2)报告上岗	制动员	b)上岗后,向调车长报告准备好了 c)人力制动机制动,试闸良好后向调车长或连结员显示“好了”信号	—
			连结员	d)检查核对车组无误,确认制动员试闸“好了”信号后,向调车长报告或显示“好了”信号	
	2.确认进路	(1)准备进路	扳道员	a)非集中区第一钩应实行要道还道制度,从第二钩起,按调车作业通知单的要求扳动道岔。按计划正确及时准备进路	—
			驼峰作业员	b)使用驼峰集中设备的,提前储存进路,复检正确后,开放允许推峰信号	
		(2)对道确认	调车长	c)非集中区确认扳道员第一钩道岔开通信号,集中区确认允许推峰信号开放后,开放驼峰信号	
	3.分解车列	(1)掌握解散	调车长	a)根据停留车位置、气候条件、难易行线、车组去向及大小、空重、车组间隔、车辆走行状态等情况,掌握推峰速度,保证溜放车组速度均匀,间隔适当 b)随时交待重点注意事项,发现异常情况,果断处理	—
		(2)提钩作业	连结员	c)按调车作业计划准确掌握提钩时机,正确提钩,做到一确认(信号显示、摘钩车数、大组车摘钩车号、推峰速度、车组走行)、二检查(制动软管、提钩杆、抱闸车、禁止溜放和过峰车辆)、三提钩(掌握提钩时机,不错不漏);发现异常情况,及时报告或采取停车措施 d)遇有漏摘制动软管或没有拔出防跳插销、钩链不良的车辆,使用提钩摘管器进行摘管、提钩,处理不了时,应停车处理	

续上表

作业程序			岗位作业		事项要求
程序	项目	内容	作业人员	技术要求	
三、解散车列	3.分解车列	(3)扳道作业	扳道员	e)按计划正确及时扳道，立岗监视溜放车组走行 f)做到溜放车组间隔不足规定距离不扳，未过联动道岔不扳，有压标车或有侧面冲突的可能时不扳 g)发现异常情况，果断采取措施处理	—
	4.制动作业	(1)减速器制动	驼峰作业员	a)按规定正确使用减速器，随时确认按钮缓解状态 b)根据解散车组大小、空重、停留车位置、气候条件等情况，监视车组走行，正确调速，保证溜放车组间隔距离 c)按规定掌握好出口速度 d)发现车辆夹停、途停、堵门、设备故障等情况，及时采取措施，果断处理	其他需要注意的事项由车站自定
		(2)脱鞋调速	制动员	e)根据计划，掌握重点车组、重点股道、人员技术、停留车位置、气候条件、安全注意事项等，监视各股道车组走行，认真观速观距，正确调速 f)发生危及行车安全情况时，及时采取措施或向制动人员报警 g)一批作业完了，及时将铁鞋归位、摆齐	
		(3)铁鞋制动	制动员	h)根据计划钩序、辆数、空重、难易行线、停留车位置、车辆走行、气候条件等，采用相应的下鞋方法；但单个车辆应“一车三鞋单轨双基本”，小组车应下基本鞋 i) 选择适宜地点，准备足够数量且符合标准的铁鞋，遇天气不良或钢轨有油渍、盐、碱、冰、雪、霜等情况时，撒好沙子，正确观速观距，准确安放铁鞋，做到安全连挂或车组间天窗不大于4 m j) 一批作业完了，及时撤除铁鞋，归位、摆齐	—
			制动员 调车长	k)压鞋时的处理方法，由企业规定。根据作业进度或在一批作业完了及时安排取出	
		(4)人力制动机制动	制动员	l) 使用人力制动机时，抓牢站稳，按规定使用安全带，进行试闸 m)试好闸后，向调车长或连结员显示（报告）试闸良好信号 n) 正确观速观距，观前顾后，均衡调速，稳妥连挂 o) 多人制动一车组，以第一位制动员为主，其他制动员听从第一位制动员指挥 p) 制动完了，松开人力制动机（按规定防溜时除外）	
四、下峰作业	1.作业联系	联系下峰	调车长	a)根据计划要求，与有关人员联系调车机车下峰作业 b)需越区作业时，同时按规定办理越区作业手续	—
	2.准备进路	(1)准备进路	扳道员 驼峰作业员	a)根据计划或要道信号，按规定准备进路，确认进路开通正确	—

续上表

<table>
<tr><th colspan="3">作业程序</th><th colspan="2">岗位作业</th><th rowspan="2">事项要求</th></tr>
<tr><th>程序</th><th>项目</th><th>内容</th><th>作业人员</th><th>技术要求</th></tr>
<tr><td rowspan="7">四、下峰作业</td><td>2.准备进路</td><td>(2)立岗还道</td><td>扳道员</td><td>b)显示股道号码和道岔开通信号，立岗监视机车车辆走行</td><td>—</td></tr>
<tr><td>3.确认动车</td><td>确认动车</td><td>调车长</td><td>确认道岔开通信号或调车信号开放(单机或牵引运行时除外)，向司机显示起动信号</td><td>—</td></tr>
<tr><td rowspan="5">4.连挂车辆</td><td>(1)检查线路</td><td>制动员</td><td>a)检查线路、停留车辆，调整好钩位</td><td rowspan="5">—</td></tr>
<tr><td rowspan="3">(2)推送车辆</td><td>调车长
制动员</td><td>b)推送车辆应先试拉。车列前部应有人进行瞭望，及时显示信号。当调车长确认停留车位置困难时，应派人显示停留车位置信号。末端车辆距信号机(警冲标)不足 30 m 时，应采取安全措施</td></tr>
<tr><td>调车长</td><td>c)使用手信号作业时，应位于易于瞭望前方又能使司机看见所显示信号的位置</td></tr>
<tr><td>制动员
连结员</td><td>d)使用手信号作业时，中转信号人员位置适当，正确及时一致地中转信号</td></tr>
<tr><td>(3)连挂车辆</td><td>调车长
连结员
制动员</td><td>e)推进挂车时，车列前部应有人瞭望，正确及时显示“十、五、三车”距离信号
f)连续连挂时，可不停车连挂，应确认连挂状态，车组间隔超过 10 车时，应顿钩或试拉；末端车辆距信号机(警冲标)不足 30 m 时，应采取安全措施
g)推进或牵出车辆前，按规定确认车列挂妥</td></tr>
</table>

九、半自动化驼峰作业

(一)半自动化驼峰

半自动化驼峰的调车场头部采用对称线束布置；道岔采用自动集中；溜放部分一般设有二级制动减速器和测速、测重、测长等监测设备。车辆溜放速度为半自动控制，调车线内采用减速器和减速顶或绳索牵引小车，构成点连式调速。

(二)铁路调车半自动化驼峰作业程序(图 3-13)

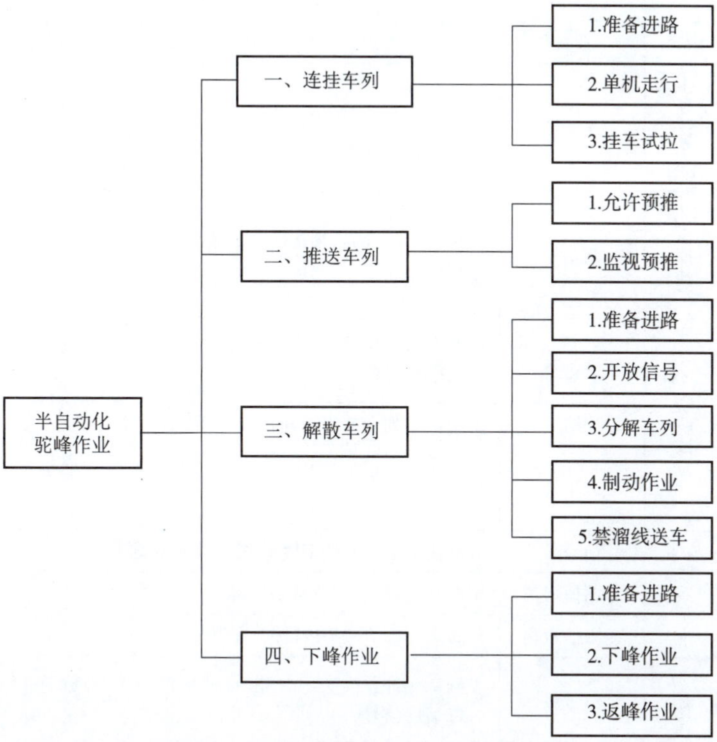

- 半自动化驼峰作业
  - 一、连挂车列
    - 1.准备进路
    - 2.单机走行
    - 3.挂车试拉
  - 二、推送车列
    - 1.允许预推
    - 2.监视预推
  - 三、解散车列
    - 1.准备进路
    - 2.开放信号
    - 3.分解车列
    - 4.制动作业
    - 5.禁溜线送车
  - 四、下峰作业
    - 1.准备进路
    - 2.下峰作业
    - 3.返峰作业

图 3-13 铁路调车半自动化驼峰作业程序

(三)铁路调车半自动化驼峰作业(表 3-8)

表 3-8 铁路调车半自动化驼峰作业

<table>
<tr><th colspan="3">作业程序</th><th colspan="2">岗位作业</th><th rowspan="2">事项要求</th></tr>
<tr><th>程序</th><th>项目</th><th>内容</th><th>作业人员</th><th>技术要求</th></tr>
<tr><td rowspan="4">一、连挂车列</td><td rowspan="2">1.准备进路</td><td>(1)联系经路</td><td>驼峰值班员</td><td>a)根据计划要求，与有关车站值班员联系挂车股道、车次及经路</td><td rowspan="2">设有两条及其以上推峰线车站应讲明推峰线别(能从设备上确认的，联系办法由企业规定)</td></tr>
<tr><td>(2)准备进路</td><td>信号员</td><td>b)根据计划或车站值班员指示，正确排列进路、开放信号</td></tr>
<tr><td rowspan="2">2.单机走行</td><td>(1)指示动车</td><td>调车长</td><td>a)向司机显示起动信号，指示司机动车</td><td rowspan="2">—</td></tr>
<tr><td>(2)单机返岔</td><td>信号员</td><td>b)确认机车动态，正确排列进路，开放信号</td></tr>
</table>

续上表

作业程序			岗位作业		事项要求
程序	项目	内容	作业人员	技术要求	
一、连挂车列	3.挂车试拉	(1)确认车列	连结员	a)跟随机车至到达场解体车列前下车确认车列(设固定人员时除外)	—
		(2)指挥挂车	调车长	b)接近车列,确认具备挂车条件,显示连结信号,指挥机车连挂	
		(3)联系试拉	调车长	c)与连结员联系,得到试拉信号回示后,向司机显示试拉信号	
			连结员	d)确认车列全部起动,向调车长回示“好了”信号	
			调车长	e)确认连结员回示“好了”信号,向司机显示停车信号	
二、推送车列	1.允许预推	(1)联系预推	信号员	a)确认机车进入挂车股道,报告车站值班员	—
			车站值班员	b)联系驼峰值班员,准备预推	
			驼峰值班员	c)确认具备预推条件,按下允许预推按钮	
		(2)开放信号	信号员	d)确认允许预推表示灯亮,排列预推进路,开放驼峰辅助信号	
			调车长	e)确认驼峰辅助信号开放,向司机显示起动信号	
	2.监视预推	监视预推	驼峰值班员	a)从设备上监视预推,发现异常及时处理	—
			调车长连结员	b)确认驼峰辅助信号显示状态	
三、解散车列	1.准备进路	(1)核对计划	驼峰值班员	a)车列压上接近表示后,与有关人员核对计划,布置峰尾防溜(未设峰尾防溜人员的除外)及重点注意事项	—
		(2-1)储存自动进路	驼峰值班员	b)将道岔手柄置于中间位置 c)按下自动按钮,确认自动表示灯点亮 d)根据计划钩序,正确储存进路命令 e)按压进路检查按钮,逐钩检查储存进路 f)按计划钩序与有关人员核对	根据作业要求确定储存自动进路、半自动进路或办理手动进路的作业方法
		(2-2)储存半自动进路	驼峰值班员 驼峰作业员	b)将道岔手柄置于中间位置 c)按下半自动按钮,确认半自动表示灯点亮 d)按下第一钩序股道储存按钮,正确储存进路命令	
		(2-3)办理手动进路	驼峰作业员	b)根据驼峰值班员指示,将道岔手柄置于计划第一钩序进路所需位置 c)确认道岔手柄位置正确后,向驼峰值班员汇报	

续上表

<table>
<tr><th colspan="3">作业程序</th><th colspan="2">岗位作业</th><th rowspan="2">事项要求</th></tr>
<tr><th>程序</th><th>项目</th><th>内容</th><th>作业人员</th><th>技术要求</th></tr>
<tr><td rowspan="6">三、解散车列</td><td>2.开放信号</td><td>开放信号</td><td>驼峰值班员</td><td>a)确认计划正确、进路准备妥当
b)开放驼峰主体信号，指示司机推峰</td><td>—</td></tr>
<tr><td rowspan="4">3.分解车列</td><td>(1)指挥推峰</td><td>驼峰值班员</td><td>a)根据调速显示器上报警栏和进路显示器的显示内容，以及停留车位置、气候条件、难易行线、车组去向及大小、空重、车组间隔、车组走行性能、峰上作业等情况，正确及时操纵驼峰信号，掌握好推峰速度，认真监视溜放窗口
b)注意提钩和调速制动情况
c)根据车组溜放情况和有关人员报告，及时向有关人员发出指令；遇危及安全的紧急情况，应立即关闭驼峰信号，先停车后处理，未得到有关人员处理完了的回示，不允许开放信号</td><td rowspan="4">其他需要注意的事项由车站自定。本标准所称“长轴距车”是指四轴车中二三轴距超过企业规定的允许自动溜放的二三轴距长度的车辆</td></tr>
<tr><td>(2)监督推峰</td><td>调车长</td><td>d)监视驼峰信号的显示，监督司机按信号显示准确掌握推峰速度</td></tr>
<tr><td>(3)提钩作业</td><td>连结员</td><td>e)按调车作业计划准确掌握提钩时机，正确提钩，做到一确认(信号显示、摘钩车数、大组车摘钩车号、推峰速度、车组走行)、二检查(制动软管、提钩杆、抱闸车、长轴距车及禁止溜放和过峰车辆)、三提钩(掌握提钩时机，不错不漏)
f)遇有提钩车号不符、危及安全时，应立即报告驼峰值班员处理，来不及时应迅速按下切断器再行报告
g)遇有漏摘制动软管或没有拔出防跳插销、钩链不良的车辆，使用提钩摘管器进行摘管、提钩，处理不了时，应停车处理</td></tr>
<tr><td>(4)进路处理</td><td>驼峰值班员</td><td>h)使用自动储存进路，在溜放过程中，需要拆分、合并、取消以及变更计划重排进路时，严格按照系统操作说明书进行相关操作
i)使用半自动储存进路，根据计划钩序，确认前钩命令发出后，按下后一钩进路按钮，正确储存进路命令
j)办理手动进路，根据计划钩序，确认前钩车已出清分歧道岔轨道电路后，逐钩操纵道岔手柄</td></tr>
<tr><td>4.制动作业</td><td>减速器制动</td><td>驼峰作业员</td><td>a)按规定使用间隔位制动减速器，随时确认按钮缓解状态
b)根据溜放车组大小、空重、停留车位置、气候条件等情况，监视车组走行，正确调速，保证溜放车组间隔距离
c)按规定掌握好出口速度
d)发现车辆夹停、途停、堵门、设备故障等情况，及时报告驼峰值班员，危及安全立即按下切断信号按钮，关闭驼峰信号，停车处理</td><td>需人力制动机制动时，按有关规定执行</td></tr>
</table>

续上表

<table>
<tr><th colspan="3">作业程序</th><th colspan="2">岗位作业</th><th rowspan="2">事项要求</th></tr>
<tr><th>程序</th><th>项目</th><th>内容</th><th>作业人员</th><th>技术要求</th></tr>
<tr><td rowspan="4">三、解散车列</td><td rowspan="4">5.禁溜线送车</td><td rowspan="3">(1)指挥送车</td><td>驼峰值班员</td><td>a)根据调车作业计划和连结员的报告,掌握作业进度,及时关闭驼峰信号,停止推峰
b)机车车辆停妥后,开通禁溜线的道岔,开放信号,待车辆送入禁溜线后,关闭信号</td><td rowspan="4">—</td></tr>
<tr><td>调车长</td><td>c)提前检查确认禁溜线线路及车辆。确认信号开放,指挥机车向禁溜线送车</td></tr>
<tr><td>连结员</td><td>d)对送入禁溜线的车辆,先防溜后提钩</td></tr>
<tr><td>(2)联系返峰</td><td>驼峰值班员</td><td>e)确认送车完了,开放信号,继续解散作业</td></tr>
<tr><td rowspan="9">四、下峰作业</td><td rowspan="2">1.准备进路</td><td>(1)下峰联系</td><td>驼峰值班员</td><td>a)根据计划或作业需要,向有关人员布置下峰作业计划
b)按下手动按钮,正确排列手动进路</td><td rowspan="2">—</td></tr>
<tr><td>(2)准备进路</td><td>驼峰值班员</td><td>c)输入整理开始命令,确认减速器已缓解,进路信号正确</td></tr>
<tr><td rowspan="6">2.下峰作业</td><td>(1)检查线路</td><td>连结员
制动员</td><td>a)提前检查线路、停留车辆,调整好钩位。当调车长确认停留车位置有困难时,应派人显示停留车位置信号。末端车辆距信号机(警冲标)不足30 m时,应采取安全措施</td><td rowspan="6">—</td></tr>
<tr><td rowspan="2">(2)指示下峰</td><td>调车长</td><td>b)确认下峰信号,向司机显示起动信号,指挥机车下峰</td></tr>
<tr><td>连结员
制动员</td><td>c)推送车列下峰时,在车列前部瞭望,正确及时显示信号</td></tr>
<tr><td rowspan="2">(3)连挂车辆</td><td>调车长</td><td>d)单机挂车时,接近车列下车,向司机显示连结信号,指挥机车挂车</td></tr>
<tr><td>调车长
连结员
制动员</td><td>e)推进挂车时,车列前部应有人瞭望,正确及时显示“十、五、三车”距离信号
f)连续连挂时,可不停车连挂,应确认连挂状态,车组间隔超过10车时,应顿钩或试拉;末端车辆距信号机(警冲标)不足30 m时,应采取安全措施</td></tr>
<tr><td>(4)确认摘车</td><td>调车长</td><td>g)将车列送到适当地点停车,确认连结员“好了”信号后,向司机显示起动信号</td></tr>
<tr><td>3.返峰作业</td><td>(1)准备进路</td><td>驼峰值班员</td><td>a)确认返峰进路空闲,正确排列进路</td><td>—</td></tr>
</table>

续上表

作业程序			岗位作业		事项要求
程序	项目	内容	作业人员	技术要求	
四、下峰作业	3.返峰作业	(2)开放信号	驼峰值班员	b)确认进路表示灯正确，开放调车信号，机车带车需越过推峰线进入到达场道岔区时，应得到到达场车站值班员同意后，开放驼峰后退信号	—
		(3)返峰停车	驼峰值班员	c)确认机车车辆越过驼峰信号后，关闭驼峰后退信号	

十、自动化驼峰作业

(一)自动化驼峰

自动化驼峰的调车场头部采用对称线束布置；道岔自动集中；一般设三级制动减速器；采用电子计算机控制调车机车自动遥控设备，自动提钩、摘软管设备，道岔转换设备，车辆溜放速度自动控制设备。还设有测重、测速、测长、测阻、测风设备，调车线内采用减速顶或绳索牵引小车，组成计算机控制的点连式调速系统。

(二)铁路调车自动化驼峰作业程序(图 3-14)

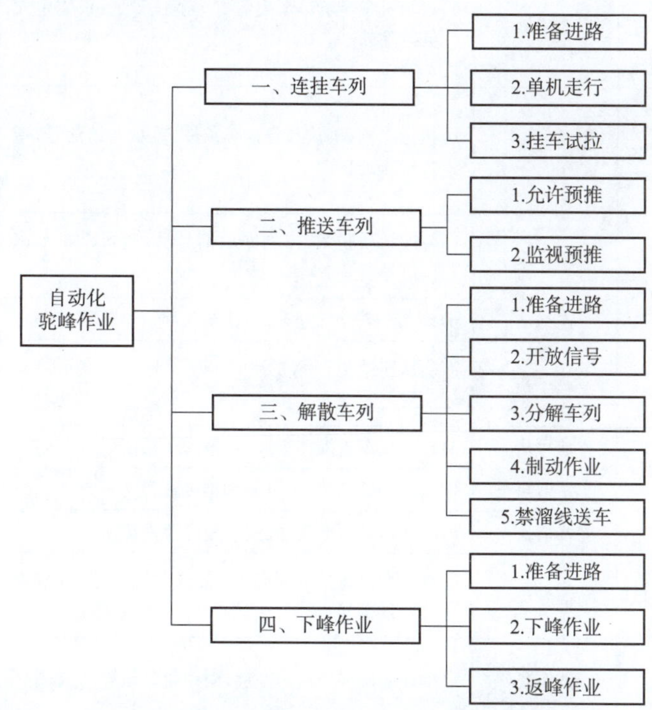

图 3-14　铁路调车自动化驼峰作业程序

(三)铁路调车自动化驼峰作业(表 3-9)

表 3-9　铁路调车自动化驼峰作业表

作业程序			岗位作业		事项要求
程序	项目	内容	作业人员	技术要求	
一、连挂车列	1.准备进路	(1)联系经路	驼峰值班员	a)根据计划要求,与有关车站值班员联系挂车股道、车次及经路	设有两条及以上推峰线的车站应讲明推峰线别(能从设备上确认的,联系办法由企业规定)
		(2)准备进路	信号员	b)根据计划或车站值班员指示,正确排列进路,开放信号	
	2.单机走行	(1)指示动车	调车长	a)向司机显示起动信号,指示司机动车	—
		(2)单机返岔	信号员	b)确认机车动态,正确排列进路,开放信号	
	3.挂车试拉	(1)确认车列	连结员	a)跟随机车至解体车列前下车确认车列(设固定人员时除外)	—
		(2)指挥挂车	调车长	b)接近车列,确认具备挂车条件,显示连结信号,指挥机车连挂	
		(3)联系试拉	调车长	c)与连结员联系,得到回示信号后,向司机显示试拉信号	
			连结员	d)确认车列全部起动,向调车长回示“好了”信号	
			调车长	e)确认连结员回示“好了”信号,向司机显示停车信号	
二、推送车列	1.允许预推	(1)联系预推	信号员	a)确认机车进入挂车股道,报告车站值班员	—
			车站值班员	b)联系驼峰值班员,准备预推	
			驼峰值班员	c)确认具备预推条件,按下允许预推按钮	
		(2)开放信号	信号员	d)确认允许预推表示灯亮,排列预推进路,开放驼峰辅助信号	
			调车长	e)确认驼峰辅助信号开放,向司机显示起动信号	
	2.监视预推	监视预推	驼峰值班员	a)从设备上监视预推,发现异常及时处理	—
			调车长 连结员	b)确认驼峰辅助信号显示状态	

续上表

作业程序			岗位作业		事项要求
程序	项目	内容	作业人员	技术要求	
三、解散车列	1.准备进路	(1)输入计划	驼峰值班员	a)通过计算机终端输入调车作业通知单至驼峰自动控制系统并储存	车站运营管理信息系统与驼峰自动控制系统联机时，调车作业通知单可自动导入，具体由企业规定
		(2)核对计划	驼峰值班员	b)调出储存的调车作业通知单并进行核对和修正 c)车列压上接近表示后，核对计划 d)布置峰尾防溜(未设峰尾防溜人员的除外)及重点注意事项	—
		(3)办理自动进路	驼峰值班员	e)应及时封锁因作业需要或设备故障的股道 f)将各溜放进路上的道岔置于自动位置(被封锁的道岔除外)，将与迂回线有关的道岔置于安全位置 g)确认进路显示器、调速显示器控制台设备表示正常	—
	2.开放信号	开放信号	驼峰值班员	a)通知各作业点准备作业，输入溜放开始命令 b)操作和确认设备进入溜放自动控制状态，开放驼峰信号，司机按驼峰信号显示推峰	—
	3.分解车列	(1)指挥推峰	驼峰值班员	a)根据调速显示器上报警栏和进路显示器的显示内容，以及停留车位置、气候条件、难易行线、车组去向及大小、空重、车组间隔、车组走行性能、峰上作业等情况，正确及时操纵驼峰信号，掌握好推峰速度，认真监视溜放窗口 b)注意提钩和调速制动情况 c)根据车组溜放情况和有关人员报告，及时向有关人员发出指令，遇有危及安全的紧急情况，应立即关闭驼峰信号，先停车后处理，未得到有关人员处理完了的回示，不允许开放信号	其他需要注意的事项由车站自定。本标准所称“长轴距车”是指四轴车中二三轴距超过企业规定的允许自动溜放的二三轴距长度的车辆
		(2)监视推峰	调车长	d)监视驼峰信号的显示，监督司机按信号显示准确掌握推峰速度	
		(3)提钩作业	连结员	e)按调车作业计划准确掌握提钩时机，正确提钩，做到一确认(信号显示、摘钩车数、大组车摘钩车号、推峰速度、车组走行)、二检查(制动软管、提钩杆、抱闸车、长轴距车及禁止溜放和过峰车辆)、三提钩(掌握提钩时机，不错不漏) f)遇有提钩车号不符、危及安全时，应立即报告驼峰值班员处理，来不及时应迅速按下切断器再行报告 g)遇有漏摘制动软管或没有拔出防跳插销、钩链不良的车辆，使用提钩摘管器进行摘管、提钩，处理不了时，应停车处理	

续上表

作业程序			岗位作业		事项要求
程序	项目	内容	作业人员	技术要求	
三、解散车列	3.分解车列	(4)进路处理	驼峰值班员 驼峰作业员	h)当发现进路显示出现命令错误、无命令、多命令时应作相应处理,遇设备异常应关闭驼峰信号并通知有关部门处理 i) 解体过程中,根据需要可对尚未执行的计划进行修改 j) 当车辆在三部位减速器上或三部位前停车时,应注意监视并采取安全措施 k)遇道岔转换过程中受阻,不能转换到位,道岔中途返回原位锁闭,系统提示“道岔恢复”时,应立即关闭驼峰主体信号,指示司机停车,并通知有关人员进行处理 l) 当出现报警时,应采取相应处理措施	其他需要注意的事项由车站自定。本标准所称“长轴距车”是指四轴车中二三轴距超过企业规定的允许自动溜放的二三轴距长度的车辆
	4.制动作业	减速器制动	驼峰值班员 驼峰作业员	a)自动溜放时,减速器处于自动控制状态,应按规定正确使用 b)根据停留车位置、气候条件、难易行线、车组去向及大小、走行性能等情况随时监视各部位的入口速度、出口速度;当溜放车组出现危及安全情况时,应立即按下切断信号按钮,关闭驼峰信号 c)解体作业中随时监视控制台、进路显示器、调速显示器上的各种显示状态及溜放车组走行状态,发现车辆夹停、途停、堵门、设备故障等情况,及时报告驼峰值班员,危及安全时立即按下切断信号按钮,关闭驼峰信号,停车处理	—
	5.禁溜线送车	(1)指挥送车	驼峰值班员	a)根据调车作业计划和连结员的报告,掌握作业进度,及时关闭驼峰信号,停止推峰 b)机车车辆停妥后,开通禁溜线的道岔,开放信号,待车辆送入禁溜线后,关闭信号	—
			调车长 连结员 制动员	c)提前检查确认禁溜线线路及车辆;确认信号开放,指挥机车向禁溜线送车 d)对送入禁溜线的车辆,先防溜后提钩	
		(2)联系返峰	驼峰值班员	e)确认送车完了,开放信号,继续解散作业	
四、下峰作业	1.准备进路	(1)下峰联系	驼峰值班员	a)根据计划或作业需要,向有关人员布置下峰作业计划	—
		(2)准备进路	驼峰值班员	b)输入整理开始命令,确认减速器已缓解,进路信号正确	
	2.下峰作业	(1)检查线路	连结员 制动员	a)提前检查线路、停留车辆,调整好钩位。当调车长确认停留车位置有困难时,应派人显示停留车位置信号。末端车辆距信号机(警冲标)不足30 m时,应采取安全措施	

续上表

<table>
<tr><th colspan="3">作业程序</th><th colspan="2">岗位作业</th><th rowspan="2">事项要求</th></tr>
<tr><th>程序</th><th>项目</th><th>内容</th><th>作业人员</th><th>技术要求</th></tr>
<tr><td rowspan="9">四、下峰作业</td><td rowspan="6">2.下峰作业</td><td rowspan="2">(2)指示下峰</td><td>调车长</td><td>b)确认下峰信号，向司机显示起动信号，指挥机车下峰</td><td rowspan="6">—</td></tr>
<tr><td>连结员
制动员</td><td>c)推送车列下峰时，在车列前部瞭望，正确及时显示信号</td></tr>
<tr><td rowspan="2">(3)连挂车辆</td><td>调车长</td><td>d)单机挂车时，接近车列下车，向司机显示连结信号，指挥机车挂车</td></tr>
<tr><td>调车长
连结员
制动员</td><td>e)推进挂车时，车列前部应有人瞭望，正确及时显示“十、五、三车”距离信号
f)连续连挂时，可不停车连挂，应确认连挂状态，车组间隔超过 10 车时，应顿钩或试拉。末端车辆距信号机(警冲标)不足 30 m 时，应采取安全措施</td></tr>
<tr><td>(4)确认摘车</td><td>调车长</td><td>g)将车列送到适当地点停车，确认连结员“好了”信号后，向司机显示起动信号</td></tr>
<tr><td rowspan="3">3.返峰作业</td><td>(1)准备进路</td><td>驼峰值班员</td><td>a)确认返峰进路空闲，正确排列进路</td><td rowspan="3">—</td></tr>
<tr><td>(2)开放信号</td><td>驼峰值班员</td><td>b)确认进路表示灯正确，开放调车信号，机车带车需越过推峰线进入到达场道岔区时，应得到到达场车站值班员同意后，开放驼峰后退信号</td></tr>
<tr><td>(3)返峰停车</td><td>驼峰值班员</td><td>c)确认机车车辆越过驼峰信号后，关闭驼峰后退信号</td></tr>
</table>

第四节　调车设备、工具、备品的使用及交接

一、有关调车工具、备品的使用方法及交接规定

(一)安全带及防护用品

防护用品包括防护服、防护帽、劳保鞋、防护手套和口笛、号角。

口笛、号角信号在行车人员，特别是调车人员、扳道人员与作业司机之间联系工作时使用。用口笛、号角信号发出信号时，必须清晰、准确，在天气不良情况下，更应特别加强复示与确认。

1. 安全带的组成及作用

(1)安全带的组成(图 3-15)

腰带一般由锦维纶丝纺织而成，长度 120 cm。连接绳由锦维纶丝绞合而成，长度45 cm。

一般安全带可承受静载荷为 4 400～4 500 N，冲击重量 100 kg 及以上。

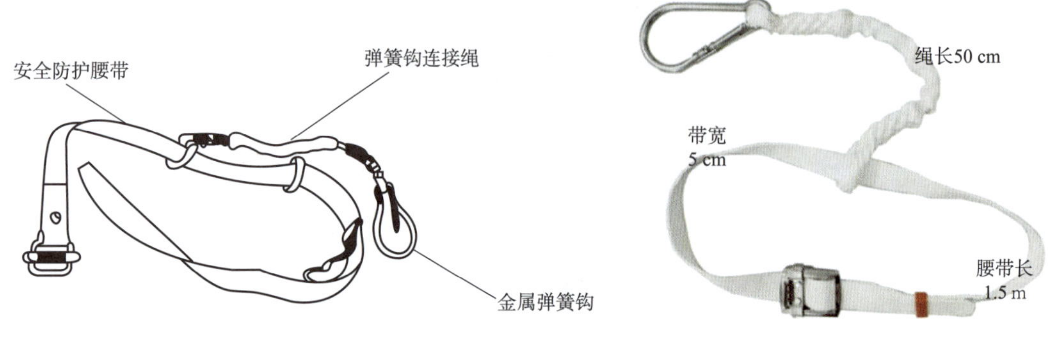

图 3-15　安全带组成

(2)安全带的作用

调车安全带是防止调车人员在车上进行调车作业(如使用人力制动机调速、制动等)时从车上坠落，并且有可能因坠落而造成严重的人身伤害时所采取的防护措施，是调车人员作业中必需的人身安全防护用具。

2. 安全带的保管、使用与交接

安全带的保管有集中保管和个人保管，并定期对安全带可承受静负荷和冲击重量进行检测试验。

(1)安全带检查

调车人员在使用前后和交接班时要进行检查，调车长要对安全带进行全面检查，主要检查安全防护腰带、金属弹簧钩、弹簧钩连结绳等部分，特别要注意安全钩与腰带相接处有无裂纹和开线、安全钩的开口处是否灵活，严禁将安全带改作他用。定期对安全带可承受静负荷和冲击重量进行检测实验。

(2)安全带使用方法

在车辆运行中，使用人力制动机时，必须使用安全带。安全带应扎紧于衣服外边，安全钩不用时应挂于腰带上。要做到上车先挂钩，安全钩应挂于闸杆上，禁止挂在车辆把手上、闸盘上、篷布绳索或货物上；下车先摘钩，禁止双手摘钩，应一手摘钩，一手扶牢。不能使用安全带的车辆，如平车、砂石车、罐车等，作业时必须选好站立地点。

①登上车辆制动台后，首先挂好安全钩(低闸台不用)。

②安全钩须挂在人力制动机手轮盘与人力制动机杆的固定点间的人力制动机杆上。

③车辆停妥后需下车时，一手抓紧扶手，一手摘开安全钩。

④使用完了，安全钩须插在前面或侧面腰带里。

⑤车辆运行中，使用人力制动机时，必须使用安全带。要做到“上车先挂钩”、“下车先摘钩”。

(二)防溜器具

1. 防溜铁鞋

(1)概念

防溜铁鞋是指放在静止状态的机车车辆车轮下对其进行阻挡的安全防溜装置，如

图 3-16所示。车轮踏面密贴在防溜铁鞋踏面上时的碾压点应在其鞋尖向后 45～50 mm 处。防溜铁鞋底面及尖部应平直与轨面密贴,尖部上翘不超过 2 mm。

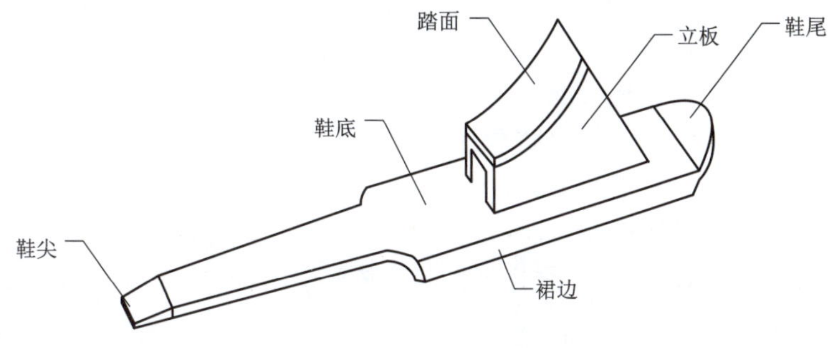

图 3-16　防溜铁鞋

(2)铁鞋箱的设置及管理

①车站设置铁鞋箱必备条件:

a. 车站日均(年)调车作业量 40 钩以上。

b. 调车作业点距离车站调车员室(运转室)较远,且该位置无车站其他有人值守岗位点(货运室、扳道员房)。

c. 设置地点治安较好,保证铁鞋不能丢失。

车站若需设置铁鞋箱,须同时满足以上条件。

②车站设置铁鞋箱的原则:

a. 车站站场一端只能设置一个铁鞋箱,一个货场只能设置一个铁鞋箱,全站设置铁鞋箱不得超过 4 个。

b. 设置的铁鞋箱不得影响作业人员正常行走,不得在作业人员走行路面上形成障碍物。

c. 设置的铁鞋箱至最近线路钢轨边缘的垂直距离不得小于 3 m。

d. 铁鞋箱必须有盖有锁,固定牢靠,不能搬动。

③铁鞋箱的管理:

a. 铁鞋箱纳入调车作业人员交接班内容,由调车组人员每 3～4 h 对铁鞋箱进行一次巡视检查,车站管理人员要将铁鞋箱检查纳入日常检查项目,站段职能科室每月对铁鞋箱管理进行检查。

b. 铁鞋箱常态处于锁闭状态,铁鞋箱内存放的铁鞋须相对固定,不得存放其他防溜器具,揭示板上须对铁鞋箱内存放的铁鞋进行标注,保证防溜铁鞋位置、号码,现场、揭示板“一致”。

c. 车站要制定管理使用办法,指定专人保管,明确巡视检查和取、存铁鞋作业前后的联系汇报制度等安全卡控措施,相关管理内容纳入《站细》管理。

④每次使用前与使用后,各部门作业人员要对使用的防溜器具进行彻底检查。铁鞋出现下列情况时禁止使用:

a. 立板发生歪曲变形、出现裂纹。

b. 底部扭曲不能与轨面密贴,尖部断裂或宽度超出轨面。

c. 焊接部位开焊、断裂。

d. 裙部有裂纹或变形。

e. 防盗装置失效或影响使用。

2. 人力制动机紧固器

(1)人力制动机紧固器使用情况:

①在设有接触网的线路上,采取防溜措施人员站立闸台作业满足不了距接触网安全距离要求时,以人力制动机紧固器代替。

②人力制动机故障,但闸链及传动装置正常时,可使用人力制动机紧固器代替。

(2)人力制动机紧固器防溜时,须拧紧且制动装置锁闭可靠。人力制动机紧固器出现下列情况时禁止使用:

①紧固器表面出现裂纹、伤痕。

②紧固器挂钩变形、断裂。

③螺杆弯曲变形度超过 10°。

④焊接部位开焊、断裂。

⑤螺纹磨损超过 2 mm。

⑥旋紧螺母及摇把磨损失效。

3. 防溜枕木

防溜枕木长 2 500 mm、宽 220 mm、高 160 mm,材质坚固;在枕木 220 mm 宽的平面开卡槽,槽宽 75~90 mm,斜度 15°,槽深得低于钢轨头部高度,以 60 mm 为宜,具体根据钢轨类型确定;槽内不得钉固铁皮等保护性用品;防溜枕木应使用红白相间(间距 200 mm)的反光油漆涂刷。

使用防溜枕木防溜时,应在距停留车辆不大于 5 m 处放置。

4. 止轮器

使用止轮器防溜时,鞋尖(止轮器)应紧贴车轮踏面,牢靠固定。

止轮器应采用软质类木料,如松木、杉木等。等腰梯形的规格为:下底长 30 cm,上底长 6 cm,高 7.5 cm,木料厚 5 cm,木柄长 8.5 cm。

5. 防溜器具的管理

(1)防溜铁鞋(止轮器)与人力制动机紧固器应统一涂刷油漆颜色和编号。防溜铁鞋编号时,应标明所属车站(单位或企业)名称(或简称)及本只铁鞋所属号码,且均涂刷为红底白字(或白底红字),站段管内各站的颜色须统一。专用线(铁路)、工程线所属企业或单位配备的防溜器具按所属企业(单位)统一编号实行单独管理,具体管理及使用办法比照车站配备的防溜器具管理要求。

(2)防溜器具要固定存放地点、指定专人负责保管、交接,要确保数量、质量良好。防溜器具的存放地点、配置数量及编号等有关内容应在《站细》内规定。

(3)防溜器具出现损坏、丢失时,应及时补齐。防溜器具被盗或丢失时,要立即向车站公安派出所(驻站公安)报告立案追查。

6. 防溜器具的使用规定

(1)在使用防溜器具中必须做到"六个相符",即:管理台账、《站细》、揭示板、交接簿、存放地点、现场使用地点相符。

(2)防溜器具及防溜措施的交接：

①中间站一批调车作业结束后，调车作业人员应及时将防溜措施情况报告调车指挥人，调车指挥人将停留车防溜措施按现场实际情况在防溜揭示板(簿)内填记。防溜器具、位置、号码，现场、揭示板及交接簿“三个一致”，揭示使用符号按《铁路调车作业》标准有关规定执行。编区站的具体揭示办法由车站制定。

②若改变停留车防溜器具及措施时，应重新填记。

③有关人员采取或撤除防溜措施后，应向调车指挥人报告，未得到报告时，调车指挥人应亲自或指示有关人员复检确认。

④交接班时，接班人员必须按《站细》规定现场检查停留车辆防溜措施，严格办理交接。防溜器具交接应做到“三清、两不交”，即止轮地点清，措施清，数量清；一批作业未完不交(必须交接时，应停止作业，重新传达布置计划)，工具数量不符不交。接班人员应按分工和《站细》要求对站内停留车止轮情况进行现场确认，发现问题，及时处理。

(3)防溜器具管理工作是车务段落实安全主体责任、强化安全风险管理和做好内部反恐防暴、治安保卫的重要内容，实行“谁使用、谁负责”的原则，防溜器具接触人员需坚持“政治可靠、品行端正、安全放心”原则，严禁不安定人员接触防溜器具。

(三)提钩摘管器

1. 用途

在溜放调车作业中，按照调车作业计划的目的，作业人员需要利用提钩摘管器对车组的软管或车钩进行摘解分离。提钩摘管器是溜放调车作业人员解编车列和保护人身安全所必需的作业工具，如图 3-17 所示。

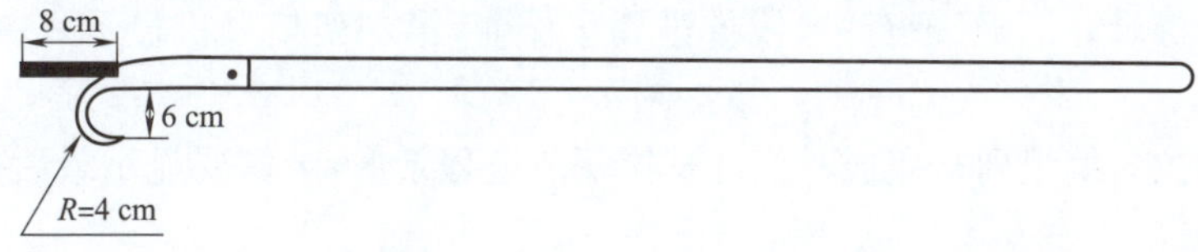

图 3-17　提钩摘管器

2. 保管及交接

提钩摘管器适应长度为 1.7 m，作业中禁止携带提钩摘管器上车，应放置在固定位置妥善保管，交接班时对号交接并认真检查。

3. 操作方法

背对来车方向，双手成外八字形状握住杆把适当位置，用钩叉套住制动软管的接口部分下方后，用力向上挑起，软管即可分开；将钩叉插入钩提杆内侧后，用力朝外斜上方挑起，车钩即可分开，动作要准确、迅速。提钩摘管器的使用如图 3-18所示。

图 3-18　提钩摘管器的使用

(四)调车移动记录仪

按照摄录关键环节、便于回放分析的原则，

对调车、防溜作业摄录范围要求如下：

1. 设备校正

作业人员接班后，应按照“年度/月份/日期/时分秒”格式校正时间，照片、录像应显示当前时间。

2. 调车作业

(1)调车作业计划传达。

①作业开始前，对调车作业计划拍摄，照片或视频能够清晰辨识作业批次、钩计划、注意事项。

②作业计划传达：除专调机车作业与调度机车、小运转机车在基地站作业外，其余作业情况，对向调车组、司机的计划交接全过程录像，录音，包括调车组、司机、机车号、重点注意事项布置等关键要素。

③平调连结状态：使用便携式机控器作业时，对速监线连结后的 LKJ 显示器状态进行拍摄。

(2)作业前检查。

①对作业前检查结果拍摄，包括防护信号已撤除、脱轨器已撤除、大门开启状态、非集中区进路开通位置(道岔由车务作业人员准备时，扳道人员摄录道岔状态与开通位置，推进前端调车人员摄录非集中区第一副道岔的开通位置；道岔由企业人员准备时，推进前端调车人员摄录非集中区第一副道岔的开通位置)等关键环节。

②对由车站负责取送的货物线，段管线、专用线(铁路)、工程线检查完毕后的线路情况进行摄录并汇报，语音“×线空线(有停留车)，线路(停留车辆)检查完毕，无异状”。

(3)推进作业信号确认。推进作业前，对推送作业前端第一架调车信号机显示状态(月白色灯光)进行摄录并汇报，录音“×线推进调车作业，第一架信号机显示月白色灯光，调车信号已确认好了。”

(4)全列试拉。编组列车完成时全列试拉环节全程录像，录像要显示最后一位车辆被试拉带动。

(5)贯通作业。对车辆贯通全过程录像，针对连结软管的最后一辆车。

(6)防溜作业。

①防溜采取：对铁鞋(含加锁状态)、人力制动机(紧固器)、防溜枕木安设情况、采取防溜车辆车号等摄像存查，摄像应同时涵盖以上要素。

②防溜撤除：对铁鞋、人力制动机(紧固器)、防溜枕木撤除情况、撤除防溜车辆车号等摄像存查，摄像应清晰反映铁鞋、枕木已撤除、人力制动机(紧固器)撤除、闸链松弛。

③防溜巡视检查：防溜巡视时，录音“×时×道防溜巡视”，对车辆防溜状态摄录存查，摄像应同时覆盖防溜器具安设情况与采取防溜车辆车号等要素。

二、无线调车灯显设备使用的规定

无线调车灯显设备主要用于调车作业人员传递调车信令及相互联系通信等，是调车作业的必备生产工具。

(一)调车灯显的组成

无线调车灯显设备由调车机车控制器、调车区长台、调车手持台和附属设备组成。

调车机车控制器（简称机控器，下同）可分为固定式和便携式。固定式机控器由主机、司机话盒、显示灯、扬声器、天线及馈线等组成；便携式机控器由主机（含电池）、司机话盒、天线和列车运行监控装置（LKJ）连接线组成。机车监控装置与调车灯显的分界为调车接口盒插座。机控器与调车接口盒的连接线由车务部门负责，调车接口盒及其与机车监控装置的连接由电务部门负责。原则上专调机车的调车接口盒安装在机车机械室，并在专调机车司机操纵台加装调车接口盒；其余机车的调车接口盒安装在司机操纵台。调车区长台（简称区长台，下同）由主机、话盒、天线及馈线等组成。调车手持台（简称手持台，下同）可分为调车长手持台和连结、制动员手持台，由主机、天线和电池组成。附属设备主要包括数字电台调单传输系统，调车灯显、计划记录传输系统，无线调车灯显信息管理设备，尽头线数字无线安全防护装置，数字无线防溜巡检设备，无线简易紧急制动阀，无线调车灯显设备中继器、充电器、皮套等。

无线调车灯显设备的功能、技术指标、设备安装要求和检测方法等应符合《铁路无线调车灯显设备》（TB/T 2834—2016）、《铁路无线调车灯显信息管理设备》（TB/T 3441—2016）的要求。无线调车灯显设备的使用应符合《中华人民共和国无线电管理条例》、《技规》、《行规》、《铁路调车作业》标准等相关规定。

（二）无线调车灯显设备的管理

1. 各部门职责

（1）运输部是无线调车灯显设备的主管部门，负责制定无线调车灯显设备的管理、使用、维修相关制度办法，监督、指导站段的日常管理、使用、维修工作，协调处理日常工作中存在的问题，对存在的突出问题组织分析，并牵头制订整治方案。

（2）电务部是机车无线调车灯显设备接口盒、接口盒至司机操纵台插座的延长线、插座的主管部门，负责设备加装、更新改造计划的提报、实施，监督、指导电务段做好日常管理、维修工作，协调处理日常工作中存在的问题。

（3）机务部负责监督、指导机务段做好无线调车灯显设备车载设备的日常使用、培训工作，协调处理日常工作中存在的问题。

（4）计统部负责无线调车灯显设备更新改造项目的立项审批和投资计划下达。

（5）财务部负责指导站段将无线调车灯显设备日常维护费用纳入预算管理统筹。

（6）车务站段是无线调车灯显设备的管理和使用部门，由技术科指定专人管理，做好无线调车灯显设备各项工作，及时解决设备运用中存在的质量、安全问题，按照《成都铁路局车务行车自管设备管理办法》建立、配备相关台账和技术资料，还应建立频率使用、设备交接、电池充电、时钟校对、设备巡检、故障维修送修等制度，定期核对、修订无线调车灯显设备配置标准表并报运输部备案。

（7）电务段负责机车无线调车灯显设备接口盒、接口盒至司机操纵台插座的延长线、插座的安装、出入库检测及日常维护管理工作。

（8）机务段负责无线调车灯显设备车载设备的使用、培训工作。配合车务、电务部门做好机车调配，确保车载设备的安装、维护工作正常开展。

2. 其他相关管理要求

无线调车灯显设备使用人员必须经过培训合格后方可上岗，站段职教部门要做好职工无线调车灯显设备相关培训工作，定期进行调车作业标准、无线调车灯显设备使用办法、保密等教育。

机务段应于每月 25 日前，向车务站段抄送次月调车机车检修计划，并在调车机车调离前 2 天通知车务站段，车务站段须在机车调离前拆下固定式机控器主机，并根据检修计划需求相应地拆除司机话盒、显示灯、扬声器、天线及馈线等。临时替班调车机车使用便携式机控器，调车机车修程超过 15 天的，车务站段须将固定机控器换装到替班调车机车上。未拆下的机控器，机务、电务部门要负责机控器保持既有状态。调车机车检修结束后，机务段须及时通知车务站段，由车务站段及时组织复装机控器后方可投入运用。车务、机务部门要加强联系，做好相关工作。

车站机控器应一主一备，便携式机控器要固定交接班地点、人员和方式。无线调车灯显设备电台要固定人员使用，做到调车人员每人一台。设备所在站、段电台备用率应达到 20%，机控器、区控器、充电器等配套设备应根据需要备足数量，站段技术科（或设备车间）做好调配工作。

各站段要按使用期限及时补充电池，车站（车间）要有专人负责管理电池的充放电及交接工作，禁止性能不良、电量不足的电池在调车作业中进行使用。作业量较大的车站，作业人员在调车作业时应携带备用电池。便携式机控器电池应做到一主一备，更换电池时必须关机。

3. 频率使用的规定

无线调车灯显设备要使用规定的频率，其设置、使用、管理等要符合无线电管理的有关规定，并符合所在地省、市无线电管理的有关规定。各站（或各调车机车）在选用频率时必须符合数字化调车频点资源规定的频率，频率一经确定，不得任意变更，如确需变更，须重新向铁路局集团公司运输部、电务部办理审批手续。原则上同一车站不同调车机车使用不同频率，相邻两站使用不同频率，站段分界站由相邻两个单位协商使用频率，枢纽地区由编组站统筹频点使用，并通知相关单位。实施数字化平调单位将频点使用方案报运输处、电务处备案。

配置有无线调车灯显信息管理设备的车站，在使用无线调车灯显设备进行调车作业时，须保证调车作业数据实时上传，实现对调车作业全过程的管理和监督。遇信息管理设备故障时，直属站由运转车间（或调度车间）安排专人、站段管辖车站由站长或站长指定的人员负责调车作业数据转存、传递并进行回放和分析。

4. 调车作业数据回放分析的规定

各车务站段安全分析中心每月对管内所有调车作业站的调车作业数据回放检查分析要做到全覆盖，技术科每月对管内不少于四分之一的车站调车作业数据进行一次回放检查分析，安全科每月对管内不少于三分之一的车站调车作业数据进行一次回放检查分析，直属站运转车间主任、被管辖站站长每周对每台调车机车的调车作业数据至少进行一次回放检查分析。每次作业数据回放时间不得少于 2 h。

（三）无线调车灯显设备的使用

1. 无线调车灯显设备试机程序

试机由当班调车长组织，并按以下程序测试并与机车司机办理交接：

（1）由当班调车长打开机控器电源，检查列车运行监控装置连接显示是否正常，检查时间是否正确，注意机控器自检是否正确，灯显是否正常。

（2）调车长与机车司机、信号楼（调车区长）、连结员、扳道员等相关作业人员试验电台通话是否良好。

(3)调车长按以下程序试验调车长电台能否正常发出、接收机控器信令反馈:起动、推进、连结、十车、五车、三车、减速、停车、调车长紧急停车、紧急停车解锁、溜放等信令(无溜放作业的车站可不试验溜放信令)。

(4)连结员、扳道员等相关作业人员按以下程序试验电台能否正常发出紧急停车、解锁信令,并检验通话是否良好。语音分别为:

调车长呼调车组及相关人员:“调车组试机”并依次呼叫信号楼(调车区长)、连结员、扳道员。

信号楼(调车区长)、连结员、扳道员:依次报:“××(×号)好”。

调车长呼机车司机:“(×调)司机试机”。

机车司机:应答:“(×调)司机明白”。

收到信令正确,司机应答:“信号显示好”。

调车长呼:“试机完毕”。

2. 信令发送的规定

使用无线调车灯显设备作业时,调车人员应正确及时发出信号指令和用语,做到用语标准、吐字清晰。

(1)调车长

调车长电台可发出停车、推进、十车、五车、三车、连结、起动、减速、溜放、调车长紧急停车、调车长紧急停车解锁信令。系统无“试拉”指令信号,可用“起动”信令代替。

(2)连结员

连结员电台可发出紧急停车、解锁信令。连结员在摘结风管、调整钩位等进入股道作业或发现紧急情况时发出“紧急停车”强插锁闭信令,作业完毕后发出“解锁信令”。

3. 其他相关规定

(1)无线调车灯显设备允许调车作业当班人员使用,作业联系、检查、监控人员使用不带调车信令发射的电台,作业联系工种允许加入无线调车灯显设备进行必要的通话联系。

(2)无线调车灯显设备禁止私用和他用,禁止将设备带出工作场所。严禁手提天线,作业时严禁随意关机,严禁擅自改变电台频率,严禁长时间按压通话键,严禁谈论与工作无关的事情,严禁谈论涉及军特运等保密内容。做好设备防潮、防雨淋、防丢失、防摔撞工作,并按规定将便携电台放入皮套中。

(3)配备有无线调车灯显设备的车站使用机车进行调车作业时,应采用无线调车灯显设备(机车摘挂、转线等不进行车辆摘挂的作业,列车在到达线路内拉道口、直接后部摘车除外),在作业前做好试机工作。

(4)无线调车灯显设备正常使用时停用手信号,对灯显以外的作业指令采用通话方式;无线调车灯显设备发生故障时,改用手信号作业。使用无线调车灯显设备的相关规定、信号显示方式、显示含义及辅助语音按《铁路调车作业》标准的规定执行。

(5)调车作业中,当信号显示与语音提示、信号显示与作业要求不一致时,司机不得动车;推送作业中信号中断时,应立即停车。无线调车灯显设备电池不足报警时,司机不得动车,作业过程中应立即停车。

(6)无线调车灯显设备的机车控制器应与列车运行监控装置配合使用,固定调车机车、调度机车、小运转机车及担当调车作业的本务机车列车运行监控装置应满足与机车控制器相连接的条件，固定调车机车的机车控制器与列车运行监控装置固定连接，调度机车、小运转机车及担当调车作业的本务机车担当调车作业前，其机车控制器应与列车运行监控装置连接。便携机控器由车站作业人员负责安置在司机指定的位置，与列车运行监控装置的连接与撤除工作由司机负责，在作业中需要变更机车运行方向时，由机车乘务员将便携机车控制器移置需要位置，并与列车运行监控装置连接。

(7)各站段须制定便携机控器与列车运行监控装置无法连接时的调车作业安全卡控措施。遇便携机控器与列车运行监控装置无法连接时，严格按照调车作业安全卡控措施进行作业。同时机车乘务员及车站人员应将时间、站名、机车号及不能连接的原因等内容分别进行登记，车站及时向技术科、机务乘务员向机务段汇报。车务、机务、电务部门共同组织分析，查找设备故障原因，尽快恢复设备正常使用。

第四章　相关知识

第一节　列车编组

一、列车编组计划的作用

车流组织是铁路行车组织的一项重要工作，它包括车流径路的选择、货物列车编组计划的制定以及日常车流推算与控制等主要内容。

在铁路网上，装车站把装出的重车向卸车地点输送就构成了重车流；卸车站把卸后的空车送往装车地点又形成了空车流。流向有同有异、流量有大有小、流程有长有短且各站设备条件和作业能力又不尽相同，如何把这些重空车流合理地组织成列车流，以保证各站所产生的车流都能迅速而又经济地送到其目的地，这就是车流组织所要解决的核心问题。

货车组成列车可以有两种最简单的做法。一是不管车流数量大小、去向远近，一律编入摘挂列车或区段列车。但这样势必造成远距离车流要逐站或逐段进行改编作业，既延误货物送达，延缓车辆周转，又增加有关技术站的改编作业负担，引起不必要的增添设备的投资和用于调车作业的人力物力消耗。另一种是不管各个去向的车流大小，一律在装车站分别集结，编开到达卸车站的直达列车。这样，由于车流在途中技术站不必进行改编作业，固然可以节省一些时间，但车辆要在装车站等待凑够成列，引起在站停留时间大大延长，同样不能达到快速运送货物、加速车辆周转的目的。显然，上述两种极端的车流组织方法既不合理又不经济，都是不可取的。正确的解决方法应该是根据车流的大小和性质，结合各站设备条件，采取不同的车流组织形式：在装车量较大的车站或联合邻近的几个装车站组织始发直达列车；将未纳入始发直达列车的其余车流送到就近的技术站集中，然后按车流去向的远近分别编入适当的列车，主要是技术直达列车、直通列车和区段列车，逐步转送到卸车站；在中间站到、发的零星车流，在到、发区段则一般应由摘挂列车输送。

货物列车编组计划是车流组织计划的具体体现，它规定了路网上所有重空车流在哪些车站编成列车，编组哪些种类和到达哪些车站（装卸站或解体站）的列车，以及各种列车应编入的车流内容和编挂办法等。货物列车编组计划的正确制定应以对车流结构、站场布局、设备能力、作业条件的调查研究为基础，以车流径路方案为前提，以技术经济分析和计算为依据，进行多方案优选，以期达到以下目的：

1. 最大限度地从装车地组织直达运输，以减少技术站的改编工作量，加速货物输送和车辆周转。

2. 最大限度地减少车辆改编作业次数，并尽量将调车工作集中到技术设备先进、编解能力大、作业效率高的主要编组站上进行，以减少人力物力消耗，节约开支，降低运输成本。

3. 合理确定各技术站编组列车的办法和列车编解任务，以确保各站工作的协调配合，维持良好的作业秩序。

4. 合理组织区段管内和枢纽地区的车流，以减少重复改编，加速车流输送。

列车编组计划是铁路行车组织工作的较长期的基础性质的技术文件，起着条理车流的作用。它把路网上交错分布的车流，按到站的远近和运输性质分别组织到不同去向和种类的列车之中，保证货物能以最快的速度送达目的地，机车车辆能得到最好的运用。因此，列车编组计划在铁路运输工作组织中占有十分重要的地位。

列车编组计划在路网各站间合理分配列车编解任务，集中掌握并使用各站的设备和能力，既能保证各站所负担的编解任务与其设备能力相适应，又能考虑到各站之间的协调配合，并对重点地区留有一定后备，起着统一路网各站技术作业过程的作用，是整个路网车站分工的战略部署。列车编组计划具体规定了各货运站、技术站编组列车的种类、到站和车辆编挂办法，这在很大程度上也就确定了各站的办理车数、改编作业车数、运用调车机车台数、使用编组线数，以及技术作业过程和技术设备的运用办法等，对车站工作起着决定性的作用。列车编组计划是运输计划和列车运行图之间的重要联系环节。它根据运输计划确定计划车流，并进一步将车流组织为列车流。它所规定的列车数量、列车分类、发站和到站以及定期运行的列车等，是编制列车运行图的基础。

在日常运输工作中，通过变更列车编组计划，可以调整枢纽和方向的负担，疏导车流运行，从而确保运输畅通。在制定铁路枢纽发展规划、进行站场扩建和新建设计时，有必要根据远期的最优列车编组计划所规定的改编任务来确定枢纽的规模以及站场设备的数量和布局。

此外，铁路运输企业也通过组织装车地直达运输，与厂矿等各类企业在物资输送的组织方法与设备使用等方面紧密协作配合。因此，列车编组计划体现了产、供、运、销各部门的共同利益，是铁路与国民经济其他部门紧密联系的重要环节。

综上所述，列车编组计划既是车流组织计划，又是站场设备运用计划；既是路网各车站分工的战略部署，又是调节铁路方向和站场工作负担、缓和运输紧张状况的有效手段；既是行车组织的基本技术文件，又是铁路与其他部门联劳协作的具体体现。因此，正确编制和执行列车编组计划是充分发挥铁路运输能力，提高运输效率，尽可能满足运输市场需求的重要途径。

二、列车编组计划的主要内容

货物列车编组计划的主要内容见表 4-1。

表 4-1　甲站列车编组计划(示例)

发站	到站	编组内容	列车种类	定期车次	附注
甲	丁	丁及其以远	技术直达		
甲	丙	1. 丙及其以远(不包括丁及其以远) 2. 空棚车	直通		
甲	乙	乙及其以远(不包括丙及其以远)	区段		
甲	乙	1. A—D 间按站顺 2. 乙及其以远	摘挂		按组顺编组

列车编组计划主要有以下内容：

1. 发站指列车编组始发的车站。

2. 到站指列车的终到站(解体站)。

3. 编组内容，规定该列车用哪些车流编组及车辆的编挂方法。

4. 列车种类，表示该列车的种类。

5. 定期车次，若该列车为装（卸）车地组织的直达列车，则表示该列车开行期间的固定车次。

6. 附注对编组内容栏加以补充说明，常见的说明如按站顺、按组顺、规定基本组重、开行列数等。

编组内容栏规定的列车中车辆的编挂方法，通常有以下几种：

1. 单组混编即对该列车到达站及其以远的车辆，不分到站、不分先后混合编挂。

2. 分组选编即一个列车分为两个及其以上的车组，属于同一组的车辆必须编挂在一起。对车组的排列，无特殊要求者，可以不按组顺编挂。

3. 到站成组即在列车中同到站的车辆必须编挂在一起。

4. 按站顺编组即在列车中除同一到站的车辆必须挂在一起外，还要求按车辆到站的先后顺序进行编挂。

以上各种列车编组方法，是根据各有关车站的能力以及列车的性质分别确定的，从而达到加速车辆周转和货物送达的目的。其中，关于列车种类，几种常见的货物列车种类如图 4-1 所示。

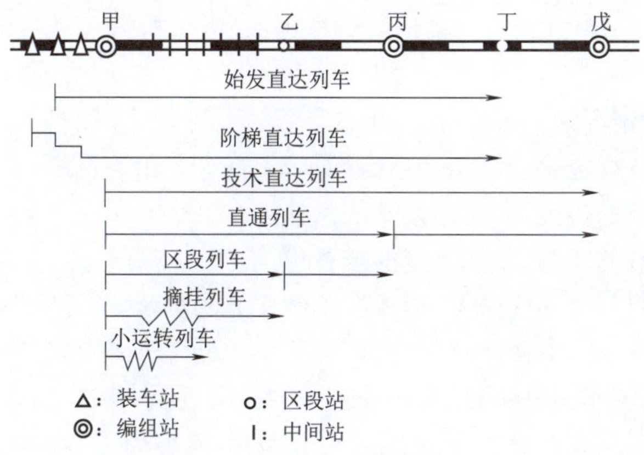

图 4-1　货物列车分类示意图

1. 始发直达列车：由一个车站所装的货车组成，通过一个及其以上编组站不进行改编作业的列车。

2. 阶梯直达列车：由同一区段内或同一枢纽内的几个车站所装车辆组成，通过一个及其以上编组站不进行改编作业的列车。

3. 技术直达列车：在技术站编组，通过一个及其以上编组站不进行改编作业的列车。

4. 直达列车：在装（卸）车站或技术站编组，通过一个及其以上编组站不进行改编作业的列车。

5. 直通列车：在技术站编组，通过一个及其以上区段站不进行改编作业的列车。

6. 区段列车：在技术站编组，不通过技术站且在区段内不进行摘挂车辆作业的列车。

7. 摘挂列车：在技术站编组，在区段内各中间站进行车辆摘挂作业，服务于区段管内车流输送的列车。

8. 区段小运转列车：列车在技术站和邻接区段规定范围内的几个车站间开行的列车。

9. 枢纽小运转列车：列车在枢纽内各站间开行的列车。

三、违反列车编组计划的规定

凡有下列情况之一者(另有规定除外)即为违反编组计划:

1. 直达列车的车流,编入直通、区段、摘挂和小运转列车;直通列车的车流编入区段、摘挂和小运转列车;区段列车的车流编入摘挂和小运转列车。

因为这种把远程车流编入近途列车的做法,势必会造成远程车流在沿途技术站重复改编,延缓货物运送和车辆周转,打乱站间分工。但对于装载超限货物的限速货车,虽属直达、直通、区段车流,也可利用摘挂列车挂运,而不算违反编组计划。

2. 直通、区段、摘挂和小运转列车的车流,编入直达列车;区段、摘挂和小运转列车的车流编入直通列车;摘挂和小运转列车的车流编入区段列车。

这种把近程车流编入远途列车的做法,其后果必然使远途列车在有关技术站提前改编,同样延缓货物的运送和车辆的周转,破坏站间分工。但为加速到达中间站(包括中间站挂出)需要快运的鲜活易腐货物的运送,可优先用直达、直通、区段列车挂运,而不算违反编组计划。如特殊需要,各铁路局集团公司可在编组计划中指定车次,利用直达、直通、区段列车甩挂中间站车辆。

3. 未按规定选分车组或未执行指定的编挂顺序(由于执行隔离限制确实难以兼顾时除外)。

主要有以下几种情况:

(1)分组列车和按规定选分车组的单组列车,未选分车组。

(2)应按站顺编挂的摘挂列车,未按站顺编挂。

(3)指定连挂位置的车组,未按指定的位置连挂。

发生上述情况,将打乱站间分工,造成有关站作业困难,延长停留时间,降低运输效率。

4. 未按补轴、超轴规定编组列车。列车在变更重量和长度的车站补轴时,应尽量用与该列车编组内容相同的车流补轴,或者按规定补轴。

如图 4-2 所示,A 站编组 A—丁的直达列车,编组内容为丁站卸。在甲站补轴时,应尽量用丁站卸的车流补轴,如果无丁站卸的车流,编组计划又规定可用丁站以远的车流补轴时,则可用该车流补轴。如果未用丁站卸或丁以远车流补轴而用其他车流补轴时,则违反了编组计划。如果甲站不编开到达丁站的列车,则应用最远到达站但不远于补轴列车解体站的车流补轴,即用丙到达站车流补轴,若用乙或戊到达站车流补轴,也违反列车编组计划。

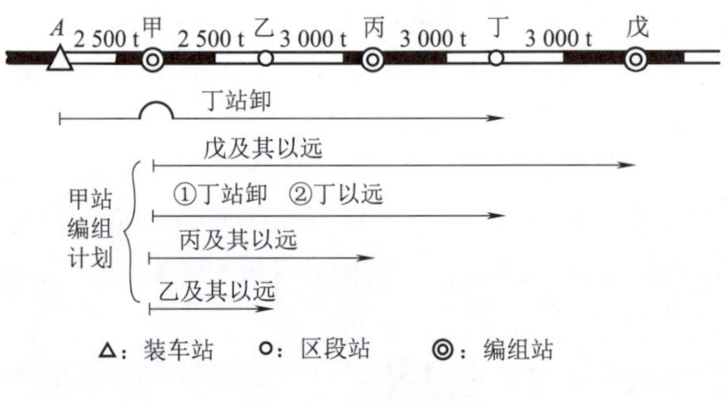

图 4-2 补轴示意图

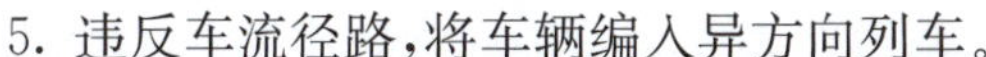

5. 违反车流径路，将车辆编入异方向列车。

因为在编组计划中，根据各方向区间通过能力、运输距离、列车重量标准和运行速度等因素，规定了各支车流经济合理的经路。如果车站不按规定的经路编组，将加剧通过能力紧张的状况，增加有关技术站的作业负担，降低运输效率。例如，对有平行经路的车流，未按规定的经路编组或错误地将上行车流编入下行列车等，都算违反编组计划。

6. 未达到编组计划规定的基本组重量、长度。

如图 4-3 所示，甲—乙区段的列车重量标准为 3 200 t，乙—丙区段为 2 500 t，丙—丁区段为 2 000 t，由于重量标准不统一，在列车编计划中规定甲—丁的直达列车基本组重量为 2 000 t，甲站用乙站以远 700 t、丙站及其以远 500 t 分组补轴。

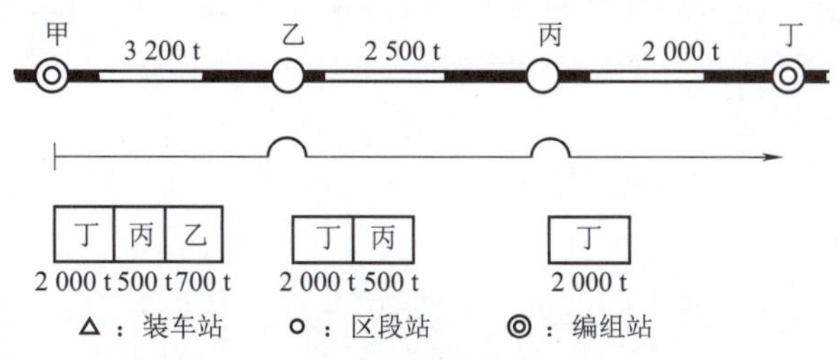

图 4-3　按基本组重量编组列车示意图

如果甲站编组甲—丁的直达列车，基本组只编了 1 500 t，未达到规定的基本组重量，势必会造成在乙站补轴或改编。若乙站无车流可补轴时，还有可能拆散这一直达列车，因此算作违反列车编组计划。

7. 其他未按编组计划规定编组的列车。

例如，未规定的重、空列车数开行。这里所说的规定的重、空列车数，不是泛指某区段开行的一般的重、空列车数，而是在列车编组计划中特殊规定的车数，如为缓和枢纽能力的紧张状况，规定发往枢纽地区并按特殊要求编组的重列车数，以及为保证邻局始发直达列车的装车，必须经由某分界站交出的空列车数。上述重列车数超出和空列车数交出不足，都算违反列车编组计划。

四、编组列车的有关规定

（一）一般要求

1.《技规》第 247 条

列车应按本规程、列车编组计划和列车运行图规定的编挂条件、车组、重量或长度编组。

列车重量应根据机车牵引力、区段内线路状况及其设备条件确定。编组超重列车时，编组站、区段站应商得机务段调度员同意，在中间站应得到司机的同意，并均须经列车调度员准许。

列车长度应根据运行区段内各站到发线的有效长，并须预留 30 m 的附加制动距离确定。超长列车运行办法，由铁路局规定。

动车组以外的旅客列车按列车编组表编组，机车后第一位编挂一辆未搭乘旅客的车辆作为隔离车。行李车、邮政车、发电车等非乘坐旅客的车辆应分别挂于机车后第一位和列车尾部，起隔离作用；在装设集中联锁的区段，并设有列车运行监控装置时，旅客列车可不挂隔离车。如隔离车在途中发生故障摘下时，可无隔离车继续运行。局管内旅客列车经铁路局长批准，可不隔离。

军用列车的编组，按有关规定办理。

2.《行规》第 28 条

货物列车临时减吨的规定(《技规》第 247 条)

(1)遇天气不良、机车牵引力不足、列车限速等特殊情况，列车在困难区段可能发生坡停或严重运缓，需要列车临时减吨时，本务机车司机应在列车进入困难区段前向车站值班员提出减吨申请，说明理由及减吨值(减吨值可根据具体情况为牵引定数的 10%～20%)，由车站值班员转告列车调度员。

(2)列车调度员接到司机的减吨申请后，与机车调度员商定方案，经调度所计划调度员同意，布置有关车站进行减吨或加挂补机作业。

3.《行规》第 29 条

超长列车运行办法(《技规》第 247 条)

(1)超长列车编组的规定

①编组超长列车须取得列车调度员的同意，跨集团公司运行时，应事先征得相邻集团公司同意。

②超长列车禁止编挂装有超限货物的车辆、限速的机车车辆。

③超长列车原则上不准超过运行区段列车换长的一倍。

(2)超长列车运行的规定

①开行超长列车，须经列车调度员发布调度命令准许。

②发车站办理闭塞或预告时，应向接车站说明。

③各站在接发列车时，应根据到发线有效长度确定是否按超长列车办理。超长列车的全长(包括牵引机车)加 30 m 的附加制动距离的和小于接车线的有效长时，应按非超长列车办理接发。

④超长列车到达编组站、区段站，如不能整列接入接车线需摘解为两部分停留时，到达本务机车司机按照车站通知进行作业，摘解完毕后车站通知列检进行技术检查。

4.《技规》第 248 条

动车组为固定编组。单组动车组运用状态下不得解编，两组短编组同型动车组可重联运行。救援等特殊情况下，两组不同型号的动车组可重联运行。

动车组禁止加挂各型机车车辆(无动力调车时的调车机车、救援机车、无动力回送时的本务机车及回送过渡车除外)；动车组禁止编入其他列车。

超过检修期限的动车组禁止上线运行(经车辆部门鉴定的回送动车组除外)。

5.《技规》第 249 条

下列机车车辆禁止编入列车：

(1)插有扣修、倒装色票的及车体倾斜超过规定限度的。

(2)曾经发生冲突、脱轨、火灾、爆炸或曾编入发生特别重大、重大、较大事故列车内以及在自然灾害中损坏，未经检查确认可以运行的。

(3)装载货物超出机车车辆限界，无挂运命令的。

(4)装载跨装货物(跨及两平车的汽车除外)的平车，无跨装特殊装置的。

(5)平车及敞车装载货物违反装载和加固技术条件的。

(6)未关闭侧开门、底开门以及平车未关闭端、侧板的(有特殊规定者除外)。

(7)由于装载的货物需停止自动制动机的作用,而未停止的。

(8)企业自备机车、车辆、自轮运转特种设备和城市轨道车辆、进出口机车车辆过轨时,未经铁路机车车辆人员检查确认的。

(9)缺少车门的(检修回送车除外)。

(10)超过定期检修期限的客车车辆(经车辆部门鉴定的回送客车除外)禁止编入旅客列车。

(二)列车中车辆的编挂

1.《技规》第 250 条

装载危险、易燃等货物的车辆编入列车的隔离限制,按《铁路车辆编组隔离表》(表 4-2)执行。编挂超限货物车辆或特种车辆时,按国家及铁路总公司规定或临时指示办理。

表 4-2　铁路车辆编组隔离表

货物种类(品名编号)		隔离标记	距牵引的内燃、电力机车,推进运行或后部补机及使用火炉的车辆	距乘坐旅客的车辆	距装载雷管及导爆索(11001,11002,11007,11008)的车辆 ⚠7	距装载除雷管及导爆索以外爆炸品的车辆 ⚠8	距装载易燃普通货物的敞车、平车	距装载高出车帮易窜动货物的车辆	备　注
气体(含空罐车)	易燃气体 非易燃无毒气体 毒性气体	⚠1	4	4	4	4	2	2	运输气体类危险货物重、空罐车时,每列编挂不得超过3组。每组间的隔离车不得少于10辆
一级易燃液体 一级易燃固体 一级易于自燃的物质 一级氧化性物质 有机过氧化物 一级毒性物质(剧毒品) 一级酸性腐蚀性物质 一级碱性腐蚀性物质 一级其他腐蚀性物质		⚠2	2	3	3	4	2		运输原油时,与机车及使用火炉的车辆可不隔离。 运输硝酸铵时,与机车及使用火炉的车辆隔离不少于4辆
放射性物质(物品)(矿石、矿砂除外)		⚠3	2	4	×	×	2	1	×标记表示不能编入同一列车

续上表

<table>
<tr><th colspan="2">货物种类（品名编号） \ 最少隔离的车辆 \ 隔离对象</th><th>隔离标记</th><th>距牵引的内燃、电力机车，推进运行或后部补机及使用火炉的车辆</th><th>距乘坐旅客的车辆</th><th>距装载雷管及导爆索（11001，11002，11007，11008）的车辆 △7</th><th>距装载除雷管及导爆索以外爆炸品的车辆 △8</th><th>距装载易燃普通货物的敞车、平车</th><th>距装载高出车帮易窜动货物的车辆</th><th>备　注</th></tr>
<tr><td rowspan="2">七〇七</td><td>一　　级</td><td>△4</td><td>4</td><td>4</td><td>4</td><td>4</td><td>4</td><td>2</td><td rowspan="2">一级与二级编入同一列车时，相互隔离 2 辆以上，停放车站时相互隔离 10 m 以上，严禁明火靠近</td></tr>
<tr><td>二　　级</td><td>△5</td><td>4</td><td>4</td><td>4</td><td>4</td><td>4</td><td>2</td></tr>
<tr><td colspan="2">敞车、平车装载的易燃普通货物及敞车装载的散装硫磺</td><td>△6</td><td>2</td><td>2</td><td>2</td><td>2</td><td></td><td></td><td>装载未涂防火剂的腐朽木材的车辆，运行在规定的区段和季节须与牵引机车隔离 10 辆，如隔离有困难时，各铁路局与邻局协商规定隔离办法</td></tr>
<tr><td rowspan="2">爆炸品</td><td>雷管及导爆索（11001，11002，11007，11008）</td><td>△7</td><td>4</td><td>4</td><td></td><td>4</td><td>2</td><td>2</td><td rowspan="2"></td></tr>
<tr><td>除雷管及导爆索以外的爆炸品</td><td>△8</td><td>4</td><td>4</td><td>4</td><td></td><td>2</td><td>2</td></tr>
</table>

注：1. 小运转列车及调车隔离规定，由铁路局自行制定。

2. 有△标记的车辆与装载蜜蜂的车辆运输时按有关规定办理。

3. 空罐车可不隔离（气体类危险货物除外）。

2.《技规》第 251 条

旅客列车、回送客车底不准编挂货车，编入的客车车辆最高运行速度等级必须符合该列车规定的速度要求。

旅客列车中，与机车相连接的客车端门及编挂在列车尾部的客车后端门须加锁。动车组列车驾驶室与旅客乘坐席间的门须锁闭。

3.《技规》第 252 条

客车编入货物列车回送时，客车编挂辆数不得超过 20 辆，应挂于列车中部或后部。

装有密接式车钩的客车原则上应附挂旅客列车回送。需附挂货物列车回送时，不得超过 10 辆，其后编挂的其他车辆不得超过 1 辆。

客车与平车、平集共用车以外的货车连挂时，不得与货车有人力制动机端连挂；客车与平车、平集共用车人力制动机端连挂时，平车、平集共用车的人力制动机不得使用，处于非工作状态。

机械冷藏车组应尽量挂于货物列车中部或后部。

军用及其他对编挂位置有特殊要求的客车按有关规定办理。

4.《行规》第 27 条

列车中编挂车辆的补充规定(《技规》第 247～252 条、附件 10)

(1)动车组以外的旅客列车编组补充规定：

①与机车相连接的客车端门及编挂在列车尾部的客车后端门的防护栏由客运部门负责加装并锁闭。

②与机车相连的客车端门和最后一辆乘坐旅客的车辆的后端门由客运部门加锁。其他车辆的车门由值乘人员负责加锁。

③集团公司管内动车组以外的旅客列车可不挂隔离车。

④动车组以外的旅客列车编组中，装用折棚(密封)风挡的客车不得与装用铁质、橡胶风挡的客车连挂。因检测、试验和回送需要必须连挂在一起时，须连挂在列车尾部，由申请挂运单位采取安全措施。

⑤旅客列车加挂车辆时，硬座应与本列硬座连挂，硬卧应与本列硬卧连挂；加挂多辆时，加挂的硬座、硬卧应分别连续加挂。使用客列尾的旅客列车，尾部加挂客车不得超过 2 辆。因检修、回送需要，集团公司管内旅客列车尾部加挂确需超过 2 辆时，应将列尾装置移至列车尾部，或比照客列尾故障办理，由加挂车车辆乘务员负责核对尾部风压。

旅客列车的首(尾)端加挂客车后，客运部门须将原首(尾)端的安全防护栏移至加挂车最前(后)端。侧灯原则上应挂于尾部最后一辆，如途中加挂车等特殊情况，允许挂于尾起 3 辆及以内。

(2)货物列车中编挂车辆的补充规定：

①客车不允许与 C_{63} 和 C_{63A} 型敞车、C_{76} 系列敞车、70 t 级货车、80 t 级及以上货车装用 16、17 号车钩的货车直接连挂。发现新增装用 16、17 号车钩车型时，由车辆部门及时公布。

确需连挂时，由国铁客车配属单位或自备客车产权单位根据客车风挡型式，将连挂端橡胶风挡或铁风挡及渡板、缓冲杆予以拆除，将折棚风挡可靠收起后，翻起或拆除渡板。

列检发现装用 16、17 号车钩的货车与客车连挂不符合要求时，应通知车站调整。

②车端涂打“(许)”标记以及车辆结构未设有风挡或虽设有风挡但已拆除的 TK 系列军用自备铁路车辆可与装用 16、17 号车钩的货车直接连挂，且不受《技规》第 252 条关于货物列车编组位置以及客车与货车的限制。

③乘坐押运人员的车辆与所押运的车辆应成组连挂，运输途中不得拆解。

④使用列尾装置的货物列车，尾部最后一辆不得编挂无法安装列尾主机的车辆(特殊情况除外)。

(3)列车编组隔离的规定：

①小运转列车和调车时相互隔离的规定

装载货物车辆编组调车和小运转列车的隔离要求比照《技规》附件 10 规定执行，△1、△4、△5、△7、△8距小运转及调车机车须隔离 4 辆；△2、△3、△6距小运转及调车机车须隔离 2 辆。

②军用列车中车辆的编组隔离，按军运有关规定办理。

③挂入供港澳的快运货物列车中的外贸出口家畜车应与牵引的机车隔离 4 辆。

④装蜜蜂的车辆与装载农药的车辆原则上不得编挂在同一列车上。如因车流不足、分别挂运有困难，在本次列车运行全程内不发生列车折角转向运行的条件下，可编入同一列车内，但应将蜜蜂车挂在农药车的前部，并隔离 4 辆以上。

蜜蜂车和生石灰车编在同一列车内时应隔离 2 辆以上，并将蜜蜂车挂在生石灰车的前部。

⑤装载蜜蜂和活动物的车辆编入在管内进行编解作业的列车时，与敞、平车装载毒性物质的车辆至少隔离 4 辆，与空氨水车、空毒品车至少隔离 2 辆。蜜蜂和活动物车编在前部时与空氨水车、空毒品车可不隔离。

⑥装载活动物的车辆原则上不得与乘坐旅客的车辆编挂在同一列车内。确需编挂在同一列车内时，应与乘坐旅客的车辆隔离 1 辆以上。

⑦装载△1和△2的车辆在一起调车作业或站内停留时均应隔离一辆，到达的△1、△2重车应及时送入专用线。暂时不能送车的应停放在指定的线路上（货物线除外），具体办法在《站细》中规定。

（4）凡在货运单据、车牌、列车编组顺序表或调车作业通知单（示意图）中填记的下列三角标记，其含义为：

①△K——表示装载易腐货物需要加快办理作业的车辆。

②△A——表示由公安人员押运的装载重要物资的车辆。

③△W——表示属“特种运输”中装载特种装备、特种材料、精密仪器和尖端保密产品的车辆。

④△丰——表示按规定须与装载蜜蜂的车辆进行隔离的农药车。

⑤△B——表示装载有较高保价运输金额货物的车辆。

⑥△9——表示装有禽畜、鱼苗等活动物的车辆。

（三）列尾装置的摘挂及运用

1.《技规》第 253 条

动车组以外的旅客列车应安装列尾装置。特殊情况下，无法安装或使用列尾装置时，应制定具体办法。

半自动闭塞区段货物列车尾部须挂列尾装置，其他区段货物列车尾部宜挂列尾装置。货物列车尾部未挂列尾装置时应以吊起尾部车辆软管代替尾部标志。尾部车辆软管的吊起，有列检作业的列车由列检人员负责，无列检作业的列车由车务人员负责。

2.《技规》第 254 条

旅客列车列尾装置尾部主机的安装与摘解、风管及电源的连结与摘解，由车辆部门负责。

货物列车列尾装置尾部主机的安装与摘解，由车务人员负责。软管连结，有列检作业的列车，由列检人员负责；无列检作业的列车，由车务人员负责。特殊情况，由铁路局规定。

3.《技规》第 255 条

列尾装置在使用前，必须按规定进行检测，合格后方可投入运用。

4.《行规》第 30 条

列尾装置的摘挂及运用补充规定（《技规》第 253～255 条）

（1）货物列车列尾装置使用的补充规定

①下列情况可不使用货物列车列尾装置：

a. 实行机车全区段前后推挽运行的列车，不挂列尾装置。

b. 除按半自动闭塞法行车的区段外，列车运行区段内无长大下坡道且运行区间在 3 个及以下的小运转列车经列车调度员准许并下达调度命令，可不挂列尾装置。

c. 除按半自动闭塞法行车的区段外，因特殊编组要求或不具备倒编换挂条件的货物列车，且列车尾部为提钩杆作用不良、客车、特种车等无法加挂列尾主机的特殊机车车辆，车站应提前报告列车调度员，由列车调度员下达调度命令，可不挂列尾装置。

d. 军用列车因指定编组等特殊要求，且列车尾部为提钩杆作用不良、客车、特种车等无法加挂列尾主机的特殊机车车辆，车站应提前报告列车调度员，经调度值班主任批准，并由列车调度员下达调度命令，可不挂列尾装置。

②货物列车以吊起尾部车辆软管代替尾部标志时的规定：

a. 货物列车尾部未挂列尾装置时，应以吊起尾部车辆软管代替尾部标志。尾部车辆软管的吊起，有列检作业的列车由列检人员负责，无列检作业的列车由车务人员负责。

b. 未挂列尾装置的货物列车发车前，车站发车人员必须在列车尾部进行自动制动机简略实验，确认全列通风，方可发车。机车乘务员按规定进行自动制动机简略实验。车站发车人员发车前，还应向车站值班员报告最后一辆车车号，发车站车站值班员于列车出发前向接车站通报最后一辆车车号。

c. 未挂列尾装置的货物列车尾部车辆后端制动软管用铁丝或捆扎带吊起，牢固捆绑于钩体下方，禁止弯折车辆制动软管，制动软管连结器与钩体底部垂直距离不大于 100 mm。

③货物列车列尾装置尾部主机的安装与摘解，软管连结分工。

a. 在有列检作业的车站

始发列车作业时，列检试风前，列尾作业员负责将尾部主机安装在列车最后一辆车后端并锁固，采用钩提杆悬挂方式的列尾主机，如遇下作用式车钩等钩提杆位置较低的车辆，列尾作业员在安装列尾装置时，必须将列尾主机风管在钩提杆上缠绕几圈，以避免主机风管、连结器超限，列尾主机风管与车辆制动软管连结后最低位置距轨面不低于 10 cm。

列检试风完成后，连接列尾主机风管和车辆制动软管，打开折角塞门，同时要检查确认列尾主机风管是否超限，发现风管未按规定进行缠绕造成下垂超限的应立即通知车站处理。

货物列车不挂列尾时，列检作业前，车站须通知列检。

b. 在无列检作业的车站

始发列车作业时或在中间站甩挂作业后，需要安装列尾主机时，列尾作业人员[含车站助理值班员(外勤)、调车组人员]须将列尾主机安装牢固并锁闭到位，对采用钩提杆悬挂方式的列尾主机，还须检查风管、连结器是否超限，发现超限必须采取将列尾主机风管在钩提杆上缠绕几圈，以避免主机风管、连结器超限，列尾主机风管与车辆制动软管连结后最低位置距轨面不低于 10 cm。

④其他特殊规定：

在编区站不能正常查询列尾时，经列车调度员口头同意按列尾故障方式运行至前方站；在前方站如故障恢复按正常行车，如故障未能恢复则按列尾故障方式运行。

(2)动车组以外的旅客列车列尾装置使用的补充规定

①不具备使用客列尾条件的旅客列车不准安排上线运行。

②集团公司管内开行编组 3 辆及以内的通勤列车，允许只编挂 1 辆客列尾客车。

③因故折返旅客列车须使用客列尾。

(3)动车组以外的回送客车底列车是否使用客车列尾装置的规定

①回送图定客车底须使用客列尾。

②春运借用客车底和临时整列调用客车底回送时,具备条件的,须使用客列尾。

③出入厂段修、军事运输集结、局间非整列转属或借用等回送客车底和调度命令未注明使用客列尾的春运借用回送客车底、临时整列调用回送客车底,不使用客列尾。

(四)列车中机车的编挂

1.《技规》第256条

工作机车应挂于列车头部,正向运行(牵引小运转、路用、救援列车的机车除外);无转向设备的,可逆向运行。

双机或多机牵引时,本务机车的职务由第一位机车担当。

补机原则上应挂于本务机车的前位或次位,在特殊区段或需途中返回时,经铁路局批准,可挂于列车后部,如后部补机不接软管时,由铁路局规定保证安全办法。

2.《行规》第32条

使用补机的补充规定(《技规》第256条)

(1)临时使用补机及补机挂于列车后部由机务部门批准。

(2)补机连挂位置规定:

①补机原则上应挂于本务机车的前位或次位。在牵引困难区段,可根据列车牵引总重实际需要使用补机;补机区段应在列车运行图技术资料中明确,内容应包括补机担当区段范围、使用补机时的列车牵引总重定数、补机和本务机车的机型、补机编挂位置等。

②在补机区段以外使用补机时,列车调度员应向有关车站发布调度命令,指明补送地点及注意事项。调度命令应交本务司机和补机司机。

③使用补机时,应接通全部制动软管。

(3)补机摘挂、软管摘结的作业分工:

①补机与本务机车的车钩摘挂、软管摘结,由连挂机车乘务员负责。

②挂有后部补机的列车在摘解补机站停车后,有列检作业车站由列检负责,无列检时由补机司机负责摘解。

(4)补机在区间摘机的作业办法:

禁止补机在区间摘机作业。

3.《技规》第257条

铁路局所属内燃机车回送时,原则上采用有动力方式;电力机车跨交路区段回送时,原则上采用无动力方式。回送机车在交路区段外单机运行时,应派带道人员添乘。

铁路局所属的机车附挂回送时,原则上附挂货物列车;走行部和制动装置良好的客运机车(出入厂、段的修程机车除外)需附挂旅客列车跨铁路局回送时,按国铁集团调度命令办理。

回送机车,应挂于本务机车次位,挂有重联机车时为重联机车次位。20‰及以上坡道的区段,禁止办理机车专列回送。

回送铁路救援起重机,应挂于列车后部。铁路救援起重机的回送限制速度见表4-3,表4-3以外的按设计文件要求速度回送。

表 4-3　铁路救援起重机回送限制速度表

型号	名　称	回送速度(km/h)
NS2000	200 t 伸缩臂式铁路救援起重机	120
	吊臂平车	120
NS1600	160 t 伸缩臂式铁路救援起重机(1 680 t・m)	120
	吊臂平车	120
NS1600	160 t 伸缩臂式铁路救援起重机(1 600 t・m)	120
	吊臂平车	120
NS1601	160 t 伸缩臂式铁路救援起重机	120
	吊臂平车	120
NS1602	160 t 伸缩臂式铁路救援起重机	120
	吊臂平车	120
N1601	160 t 固定臂式铁路救援起重机	85
	吊臂平车	85
N1602	160 t 固定臂式铁路救援起重机	85
	吊臂平车	85
NS1601G	160 t 伸缩臂式铁路救援起重机	120
	吊臂平车	120
NS1602G	160 t 伸缩臂式铁路救援起重机	120
	吊臂平车	120
NS1251	125 t 伸缩臂式铁路救援起重机	120
	吊臂平车	120
NS1252	125 t 伸缩臂式铁路救援起重机	120
	吊臂平车	120
NS1001	100 t 伸缩臂式铁路救援起重机	80
	吊臂平车	80
N1002	100 t 固定臂式铁路救援起重机	80
	吊臂平车	80
NS100G	100 t 伸缩臂式铁路救援起重机	80
	吊臂平车	80

4.《技规》第 258 条

单机挂车的辆数，线路坡度不超过 12‰的区段，以 10 辆为限；超过 12‰的区段，由铁路局规定。

单机挂车时，应遵守下列规定：

(1)所挂车辆的自动制动机作用必须良好，发车前列检(无列检时由车站发车人员)按规定进行制动试验。

(2)连挂前按规定彻底检查货物装载状态，并将编组顺序表和货运单据交与司机。

(3)在区间被迫停车后的防护工作由机车乘务组负责，开车前应确认附挂辆数和制动主管贯通状态是否良好。

(4)列车调度员应严格掌握,不得影响机车固定交路和乘务员劳动时间。

(5)不准挂装载爆炸品、超限货物的车辆。

单机挂车时,可不挂列尾装置。

5.《行规》第35条

单机挂车的补充规定(《技规》第258条)

(1)单机挂车连挂妥当后,调车人员应对所挂车辆的车钩、软管连结,折角塞门状态进行检查。车钩、软管应连结良好,折角塞门均在开启状态。发车人员发车前在列车尾部进行试风,确认全列通风。

(2)集团公司管内单机挂车辆数,运行区段内坡度在12‰及以下的以10辆为限;超过12‰以5辆为限(DF_5、DF_7型机车按70%计算)。如挂空客车时,1辆客车折合货车2辆。在限制区段,总重不得超过该区段的牵引定数。

资威线单机禁止挂车。

(3)单机已挂故障机车时,不得再附挂货车。

(4)下列车辆禁挂:

①乘坐旅客的车辆。

②未关闭门窗的空客车(有旅客乘务组或车辆乘务人员除外)。

③有押运人的车辆而所挂车辆中又无适合押运人乘坐的车辆时。

(5)单机挂车不准在区间内进行装、卸作业。

(6)单机挂车时,列车调度员须发布命令并布置有关车站及司机。跨集团公司时,并须取得邻近集团公司列车调度员的同意。

(五)列车制动限速及其编组要求

1. 制动限速表的基本原理

为使运行中的机车车辆减低速度或停车,利用制动机使闸瓦压在车轮踏面上或通过盘形制动作用,使车轮和钢轨间产生摩擦力,以阻止车轮运动,达到减速或停车的目的。这种阻止车轮运动的力,通称制动力。列车制动力的大小可用换算闸瓦压力表示(以下简称闸瓦压力)。

在各运行区段内的任何纵断面的线路上,当列车以最大的容许速度运行时,司机使用紧急制动后,该列车应具有能在限定的制动距离内停车的制动能力。

列车需要的闸瓦压力与列车重量、运行速度及运行区段内的限制下坡道是直接相关的。如列车重量越大,速度越高,坡道越陡长,则所需要的闸瓦压力也越大。

所以,应规定出列车按单位重量计算的闸瓦压力,为计算方便起见,以每百吨的列车重量为计算单位,该单位闸瓦压力应符合该区段内运行速度及限制下坡道的要求。

2.《技规》第262条

列车中的机车和车辆的自动制动机,均应加入全列车的制动系统。

货物列车中因装载的货物规定需停止制动作用的车辆,自动制动机临时发生故障的车辆,准许关闭截断塞门(简称关门车),但列检作业场所在站编组始发的列车中,不得有制动故障关门车。编入列车的关门车数不超过现车总辆数的6%(尾数不足一辆按四舍五入计算)时,可不计算每百吨列车重量的换算闸瓦压力,不填发制动效能证明书;超过6%时,按第261条规定计算闸瓦压力,并填发制动效能证明书交与司机。关门车不得挂于机车后部三辆车之内；在列车中连续连挂不得超过两辆；列车最后一辆不得为关门车；列车最后第二、三辆不得连续关门。对于不适于连挂在列车中部但走行部良好的车辆，经列车调度员准许，可挂于列车尾部，以一辆为限，如该车辆的自动制动机不起作用时，须由车辆人员采取安全措施，保证不致脱钩。

旅客列车、特快货物班列不准编挂关门车。在运行途中(包括在站折返)如遇自动制动机临时故障，在停车时间内不能修复时，准许关闭一辆，但列车最后一辆不得为关门车，120 km/h速度等级及编组小于8辆的140 km/h、160 km/h速度等级列车按规定关门时需限速运行，车辆乘务员须向司机递交限速证明书。

编有货车的军用列车、路用列车编挂关门车时，除有特殊规定外，执行货物列车的规定。

3.《行规》第37条

列车中编挂关门车的补充规定(《技规》第262条)

(1)货物列车：

①中途变更运行方向的货物列车，列车尾部3辆之内禁止编挂关门车。

②编入货物列车的关门车数超过现车总辆数6%时，须计算闸瓦压力，并填写《制动效能证明书》(格式见附件3)交与司机。

a. 有列检作业场车站的列车，由列检人员负责；其他车站的列车，由车站人员负责。

b. 如每百吨列车重量闸瓦压力不足《技规》第261条规定最低值时，应根据实际的换算闸瓦压力对照《技规》第261条的货物列车制动限速表进行限速运行或通知车站甩车。

c. 闸瓦压力的计算方法，以每百吨列车重量为计算单位，即列车单位闸瓦压力=列车闸瓦总压力(kN)/列车总重量(百吨)。

d. 更换机车或改变车次时，按照规定重新填发《制动效能证明书》交出发司机；对不更换机车的，由到达司机将《制动效能证明书》交出乘司机。

(2)旅客列车：

①120 km/h速度等级以及编组小于8辆的140 km/h、160 km/h速度等级列车运行途中(包括在站折返)遇制动机故障而关门一辆车时(尾部最后一辆不得为关门车)，在≤20‰的下坡道区段，限速100 km/h；无论列车是否关门，在>20‰的下坡道区段，限速90 km/h。

②旅客列车发生制动关门限速时，车辆乘务员须向机车司机递交《旅客列车制动关门限速证明书》。列车中途更换机车时，车辆乘务员应重新填写并向司机递交《旅客列车制动关门限速证明书》，更换机车乘务组时，机车乘务组双方交接《旅客列车制动关门限速证明书》。

③机车司机接到《旅客列车制动关门限速证明书》后，向车站值班员(列车调度员)汇报，并在列车运行监控装置(LKJ)中选择100 km/h速度值，由LKJ监控运行至终点站，途中遇有>20‰的下坡道时，须按照LKJ限速要求监控运行。列车调度员须将列车限速情况通知相邻调度台。

④动车组以外的旅客列车组中客车整车失去制动力(含提起缓解阀)时，按制动故障关门车办理，由车辆乘务员向司机交接《旅客列车制动关门限速证明书》。列车开车后，车辆乘务员发现漏交证明书时，应立即通知司机，由司机转报车站值班员(列车调度员)申请在前方站停车，并于停车后向司机补交证明书。

(六)列车中车辆的连挂

1.《技规》第264条

动车组以外的列车中相互连挂的车钩中心水平线的高度差，不得超过75 mm。

2.《技规》第 265 条

列车中车辆的连挂，由调车作业人员负责。软管的连结，有列检作业的始发列车由列检人员负责；无列检作业的，由调车作业人员负责。

动车组采用机车调车作业时，随车机械师或动车段(所)胜任人员负责过渡车钩和专用风管的安装与拆卸、电气连接线的连结与摘解并打开车门，调车人员负责车钩连结与摘解、软管摘结。

动车组无动力回送或被救援时，过渡车钩、专用风管的安装与拆卸由随车机械师负责，司机配合。

3.《技规》第 266 条

列车机车与第一辆车的连挂，由机车乘务员负责。单班单司机值乘的由列检人员负责；无列检作业的列车，由车辆乘务员负责；无车辆乘务员的列车，由车站人员负责。

列车机车与第一辆车的车钩摘解、软管摘结，由列检人员负责。无列检作业的列车，车钩、软管摘解由机车乘务员(单班单司机值乘的由车辆乘务员)负责，软管连结由车辆乘务员负责；无车辆乘务员的列车，由机车乘务员(单班单司机值乘的由车站人员)负责。

列车机车与第一辆车电气连接线的连结与摘解由客列检作业人员负责，无客列检作业人员时，由车辆乘务员负责。

货物列车本务机车在车站调车作业时，无论单机或挂有车辆，与本列的车辆摘挂和软管摘结，均由调车作业人员负责。

旅客列车在途中摘挂车辆时，车辆的摘挂和软管摘结，由调车作业人员负责，密封风挡和电气连接线的连结与摘解由车辆乘务员负责，其他由列检作业人员负责，无列检作业人员时，由车辆乘务员负责，必要时打开车门，以便于调车作业。装有密接式车钩的客车车辆摘挂时，过渡车钩的安装与拆卸由列检人员负责，无列检人员时由车辆乘务员负责。

列车机车与动车组过渡车钩的连结与摘解、软管摘结、电气连接线的连结与摘解，由随车机械师负责。

4.《技规》第 267 条

两列动车组重联或解编时，由动车组机械师负责引导，司机确认。动车组重联时，被控动车组应退出占用，主控动车组使用调车模式与被控动车组连接。解编操作时，主控动车组转换为调车模式后，必须一次移动 5 m 以上方可停车。

(七)列车中的车辆检查及修理

1.《技规》第 268 条

列检作业应按规定范围和技术作业过程进行。货物列车停车技术作业的，检查与修理应有分工，现场检查和修理应进行平行作业；不停车技术作业的，应对危及行车安全的车辆故障及时报告拦停，并由故障专修人员对故障进行确认和处理。应积极利用专用修理机具在列车或车列中修理车辆故障，减少摘车临修，充分利用技术作业时间并在规定时间内完成技术作业，保证发出列车符合质量标准。应建立车辆故障诊断指导组，对途中车辆故障进行远程诊断、指导和故障处置确认。

无列检车站始发的货物列车，应在途经第一个列检作业场安排停车技术作业。对长期不经列检进行停车技术作业的固定编组、循环使用车组，铁路局应按照列检安全保证距离的要求，制定上述车组的列车技术作业办法，跨局运行时由相邻铁路局联合制定。

动车组运行(含回送)途中不进行客列检作业。

2.《技规》第270条

上线运营的动车组须符合出所质量标准。遇下述情况时,须安排动车组试运行:

(1)新型动车组运营、新线开通前。

(2)动车组新造出厂、高级检修修竣后。

(3)临修更换转向架、轮对、万向轴、主变压器、牵引电机后。

(4)重要部件、软件加装、升级后。

3.《技规》第271条

在有列检作业的车站,发现列车中有技术不良的车辆,因条件限制不能修理时,应由列车中摘下修理。在其他车站发现列车中有技术不良的车辆,因特殊情况不能摘下时,如能确保行车安全,经车辆调度员同意,可回送到指定地点进行处理。

动车组列车运行途中遇空气弹簧故障时,运行速度不得超过160 km/h(CRH2、CRH380A/AL型为120 km/h),其他旅客列车运行途中遇车辆空气弹簧故障时,运行速度不得超过120 km/h。采用密接式车钩的旅客列车,在运行途中因故障更换15号过渡车钩后,运行速度不得超过140 km/h。

4.《技规》第272条

编入列车的国际铁路联运车辆,应符合国际铁路联运有关车辆交接技术条件。

5.《技规》第273条

运用中的车辆应按规定的周期检修。扣修和出入厂、段的车辆应建立定时取送制度,并纳入车站日班计划。

6.《技规》第274条

动车组以外的列车自动制动机应按下列规定进行试验:

(1)全部试验

①货车列检对解体列车到达后施行一次到达全部试验,对编组列车始发前施行一次始发全部试验,对有调车作业中转列车到达后首先施行到达全部试验,发车前只施行始发全部试验中的漏泄试验。

②货车特级列检和安全保证距离在500 km左右的一级列检对无调车作业中转列车始发前施行一次始发全部试验。

③无列检作业场车站始发的列车,在途经第一个列检作业场进行无调车中转技术检查作业时施行一次始发全部试验。

④列检作业场对运行途中自动制动机发生故障的到达列车。

⑤旅客列车库内检修作业。

⑥在有客列检作业的车站折返的旅客列车。

站内设有试风装置时,应使用列车试验器试验,连挂机车后只做简略试验。对装有空气弹簧等装置的旅客列车应同时检查辅助用风系统的泄漏。

(2)简略试验

①货车列检对始发列车、中转作业列车连挂机车后。

②客列检作业后和旅客列车始发前。

③更换机车或更换机车乘务组时。

④无列检作业的始发列车发车前。

⑤列车软管有分离情况时。

⑥列车停留超过 20 min 时。

⑦列车摘挂补机，或第一机车的自动制动机损坏交由第二机车操纵时。

⑧机车改变司机室操纵时。

⑨单机附挂车辆时。

⑩列车进行摘、挂作业开车前。

在站简略试验：有列检作业的由列检人员负责，无列检作业的由车辆乘务员负责，无车辆乘务员的由车站人员负责。挂有列尾装置的列车由司机负责（挂有列尾装置的旅客列车，始发前、摘挂作业开车前及在途中换挂机车站、客列检作业站，有列检作业的由列检人员负责，无列检作业的由车辆乘务员负责）。

（3）持续一定时间的全部试验

有列检作业场的车站发出的货物列车运行前方途经长大下坡道区间的，在始发、中转作业时应进行持续一定时间的全部试验，列检应填发制动效能证明书交给司机；在有列检作业场车站至长大下坡道区间间的各站始发或进行摘挂作业的列车，是否进行持续一定时间的全部试验并填发制动效能证明书交给司机，由铁路局规定。具体试验和凉闸的地点、办法，由铁路局规定。

旅客列车出库前应进行持续一定时间的全部试验，在接近长大下坡道区间的车站，是否进行持续一定时间的全部试验，由铁路局规定。

长大下坡道为：线路坡度超过 6‰，长度为 8 km 及以上；线路坡度超过 12‰，长度为 5 km及以上；线路坡度超过 20‰，长度为 2 km 及以上。

7.《技规》第 276 条

车辆上翻车机前和翻卸后，以及进入解冻库前和解冻后，必须由所在地车辆段派列检人员对车辆进行技术检查，对解冻后车辆进行制动机性能试验。具体技术检查作业地点由铁路局规定。

8.《技规》第 277 条

货物列车在编组站、区段站发车前，有关人员应做到：

货运检查人员应认真执行区段负责制，按规定检查列车中货物装载、加固、施封及篷布苫盖状态，以及车辆的门窗关闭情况，发现异状时，应及时处理。对无列检作业的车站，还应检查自动制动机的空重位置，不符合时应进行调整。

车号人员应按列车编组顺序表核对现车和货运票据，无误后，按规定与机车乘务员办理交接。

列检人员检查车辆，发现因货物装载超载、偏载、偏重、集重引起技术状态不正常时，应及时通知车站处理；车辆自动制动机的空重位置不符合时，应进行调整。

9.《技规》第 278 条

动车组不办理编组顺序表交接。动车组以外的旅客列车编组顺序表按以下规定办理交接：

（1）在始发站由车站人员按列车编组顺序表核对现车，无误后，与司机办理交接。

（2）中途换挂机车时，到达司机与车站间、车站与出发司机间办理交接。仅更换机车乘

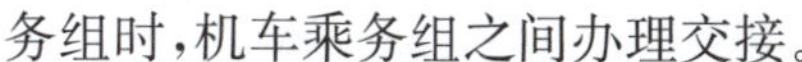

务组时，机车乘务组之间办理交接。

(3)途中摘挂车辆时，车站负责修改列车编组顺序表。

(4)列车到达终到站后，司机与车站办理交接。

车站与司机的交接地点均为机车停留位置。

第二节 特种车辆、装载特种货物的车辆停留和调动限制

一、调动装载超限、爆炸品、气体类危险货物、跨装货物等车辆的规定

(一)调动超限货物的规定

1. 调车领导人应根据调度命令、货运票据中规定的条件，检查有关的建筑物和设备限界、相邻线路线间距及停留车邻线情况，布置计划的同时布置安全注意事项。

2. 超限车与邻线停留的机车、车辆或线路上停留的超限车与邻线上调动的机车、车辆间的距离不得小于 500 mm。小于 500 mm 无安全措施禁止调车。

3. 调车作业中，超限车与固定建筑物或设备间的距离在 150 mm 以上时可按规定速度运行距离在 100～150 mm 之间时，速度不得超过 10 km/h；距离在 70～99 mm 之间时，不得超过 5 km/h。小于 70 mm 时必须制定安全措施，方可作业。

(二)装载爆炸品、气体类危险货物车辆的调动及停留规定

装载爆炸品、气体类危险货物车辆，必须停放在固定线路上。两端道岔应扳向不能进入该线路的位置并加锁，以防其他车辆进入。在选择这些车辆的固定线路时，应远离房舍、住宅及其他建筑物，并应与列车运行和调车繁忙的线路保持一定间隔。

装载"140 产品"的车辆在车站停留时，不得与邻线的有动力内燃、蒸汽机车和装载"七〇七"产品爆炸品的车辆及旅客列车并列停放。

在车站停留时，车站公安应加强"140 产品"车的警戒，维持好秩序，在其警戒区内不得有明火。"140 产品"车放气时，要求 50 m 内不得有明火，以免引起燃烧爆炸。

(三)调动装载跨装货物车辆的规定

1. 中间有游车的跨装车组，经过 9 号及其以下道岔侧向时，不得推送调车。

2. 遇设备条件不容许(如牵引后折返推送转线、转场作业)或尽头线时，应以不超 5 km/h 的速度匀速推送。

二、调动专运车、公务车、乘坐旅客车辆及空客车、密接式车钩和集中供电车列、动车组的规定

(一)调动专运车、公务车的规定

1. 速度的规定

连挂公务车、专运列车、乘坐有旅客的车辆时，连挂速度不得超过 3 km/h。

2. 调车作业连结软管的规定

(1)旅客列车、军用列车、专运列车的甩挂作业(采用中间体过渡车钩调动密接式车钩的客车除外)须连结全部软管。

(2)调动乘坐旅客的车辆、公务车、试验车及代号为 T 的特种用途车须连结全部软管。

3. 调车作业要求

军用列车、客车、特种车因指定编组等特殊要求，且列车尾部为提钩杆作用不良等无法加挂列尾主机的特殊机车车辆，车站应提前报告列车调度员，经调度值班主任批准，并由列车调度员下达调度命令，可不挂列尾装置。

(二)调动乘坐旅客车辆及空客车的规定

1. 调动旅客列车的规定

(1)调动乘坐旅客的车辆及整列空客车底时均须全部接通软管，并经简略试验良好后方可进行。

(2)调动零星空客车是否需要连结软管及连结软管的数量按照铁路局集团公司规定执行。

2. 旅客列车中途摘挂车辆的规定

(1)客运值班员报告车站值班员，车站值班员接到报告后，布置调车指挥人进行作业。

(2)中途站摘挂客车时，由客列检将调度命令转交车辆乘务员，无客列检作业时由车站值班员指派人员转交车辆乘务员。

(三)调动密接式车钩和集中供电车列的规定

1. 遇密接式车钩摘挂作业时的规定

(1)调车作业前，车站应通知列检人员(车辆乘务员)到场并打开车门。

(2)车辆的摘挂和全部软管的摘结由调车人员负责；其他由列检人员负责，无列检作业的由车辆乘务员负责。

(3)摘车时，调车人员应确认软管及电气控制连线等装置均已摘开，并将车钩扳手扳开且固定后，方可扳动车钩、摘开车辆。

2. 集中供电车列的调车作业的规定

集中供电列车车辆的摘挂和软管的摘结由调车作业人员负责；其他由列检人员负责，无列检作业的由车辆乘务员负责。

3. 使用中间体过渡车钩调车作业的规定

使用中间体过渡车钩进行调车时，可不连结软管，一次调车连挂客车不得超过 4 辆，运行速度不得超 15 km/h；中间体过渡车钩的拆装由车辆部门负责。

第三节　事故救援

一、牵引复轨基本要领

1. 重车复轨前，可将货物卸空，以利于起复。
2. 为减少损坏轨枕、扣件等线路设备，可提前在脱线车轮下铺垫石砟。
3. 起复机车时，遇妨碍起复工作的零部件，应于拆除，如排障器等。
4. 机车车辆复轨时，运行速度要控制在 3 km/h 以下，匀速缓行。

二、复轨器使用基本规定

(一)复轨器拉复法

拉复法是在脱轨机车车辆复轨牵引方向一端的适当位置安放复轨器或利用线路设备的自然条件，利用本务机车、救援机车或牵车机做动力牵引，使脱轨机车车辆达到复轨的目的，它是原线开通法的一种。拉复法主要使用的工具是复轨器。目前使用的复轨器有人字型、海参型、S-1 型复轨器等。

（二）注意事项

1. 无论机车和车辆发生脱轨后，大多数车辆都有不同程度的倾斜度，这是在起复工作中应特别注意的事项。在起复前应先查看车轮的斜度，看哪边离基本轨近，再确定起复拉车的方向。

2. 机车和车辆发生脱轨后，枕木都要压一道槽，这是一般规律，顺槽往回拉是正常的。

3. 无论使用什么类型的复轨器，在拉车前应在复轨器上加放机油，以使车轮易滑上道，自事故车轮至复轨器之间应铺垫石砟，将枕木盖严，以减少阻力，保持枕木，防止车轮前进变向。

4. 利用复轨器起复机车车辆，在牵引时，工作人员应离事故车稍远的地方，切勿蹲在复轨器旁，以防由于事故车翻倒和石砟等物被挤压迸出伤及身体。

5. 拉事故车时，机车牵引速度应缓慢，防止车轮越过复轨器，不上基本轨。

6. 事故车辆起复作业前，在有列检人员的车站，应通知列检人员参加起复工作和起复后的车辆检查工作。在无列检人员的车站，事故车辆起复后，必须通知附近列检人员对事故车辆检查后，方准投入运用。

（三）安全事项

1. 起复工作应由一人统一指挥，不得乱指挥和显示信号。

2. 利用钢丝绳拉车时，必须缓慢用力，严禁猛拉，以防止钢丝绳折断伤人。

3. 拉车时工作人员必须离开事故车辆周围，以防钢丝绳折断和车轮压滑物体飞出伤人。

4. 事故车辆前后必须设立防护，并指定专人负责看管。

5. 利用顶镐起复脱轨车辆一端时，另一端车轮必须加止轮器，起落横动时必须由一人指挥。

（四）组织准备工作

1. 先了解事故情况，确定起复计划，提出时间要求，明确分工，由车长、司机、救援队（班）长或具有起复经验的人员统一指挥。

2. 起复车辆时，如是重车者需要卸空（空车便于起复）。

3. 根据事故车的脱轨方向和距离基本轨的远近放置复轨器。

4. 起复方法多数是按照原来的脱轨方向放置复轨器，或将脱轨车轮拉近基本轨以后，再安放复轨器进行起复。

三、复轨器的种类及介绍

（一）人字型复轨器

1. 人字型复轨器的构成

人字型复轨器由大筋、垫铁、小筋、尾部穿销、防滑螺栓、复轨器后端直角构成。

2. 人字型复轨器安装注意事项

（1）安装时必须按照脱轨车辆的起复方向按“左人、右入”的原则安置复轨器。

（2）严禁将复轨器安装在钢轨接头、腐朽枕木、道岔、曲线上。

（3）遇需安装复轨器处是水泥枕时，必须在两根水泥枕的中间加一根木枕（便于固定复轨器）。

(4)脱轨车轮与复轨器尾翼(导向筋)大于 240 mm 时(脱轨车轮不能进入复轨器的导轮槽),不能安装。

3. 人字型复轨器安装步骤

(1)将复轨器按照“左人、右入”的原则,安置在需起复的脱轨车轮钢轨上。

(2)复轨器后端直角必须顶死枕木直角面,将尾部穿销穿好。

(3)垫铁斜口插入复轨器。

(4)复轨器的头部与钢轨接头处加垫干棉丝或破布等(防滑)。

(5)拧紧轨腰处防滑螺栓。

(6)复轨器的腰部用石砟垫实(以防压翻复轨器)。

(7)复轨器顺向导轮筋加油(便于脱轨车轮爬上复轨器)。

4. 人字型复轨器起复要求

以不超过 5 km/h 的速度匀速运行。

5. 人字型复轨器使用方法

(1)该复轨器安装沿用“左人、右入”的原则。安装前,先将复轨器尾部钩铁处轨枕下部的石砟清除一些,以保证复轨器尾部能钩住轨枕并便于安装穿销。

(2)安装时,复轨器承轨槽搭在钢轨止,尾部钩铁的上端平落在轨枕上,下端钩挂轨枕侧面。复轨器安放平稳后,将两块 L 型楔铁分别穿入左右楔铁座与轨腰的间隙内,凸台朝外,安放平整,不得歪斜。然后用大锤左右交替地将两块楔铁打紧(严禁将一侧楔铁打紧后再打另一侧,以免受力不均造成楔铁座裂损)。

(3)将尾部穿销经穿销孔沿轨底穿过。至此复轨器安装完毕。

(4)用大锤轻击复轨器主体表面各部,检查复轨器安装是否牢固。

(5)在脱轨车轮至复轨器尾部间应铺垫石砟,防止轧坏轨枕,并减少拉复助力。

注意事项:脱轨车轮超过基本轨 240 mm 以上时,应采用“拉”和“逼”的方法使车轮靠近基本轨,然后再安放复轨器起复。

6. 人字型复轨器安装使用方法图解

人字型复轨器的安装使用方法如图 4-4 所示。

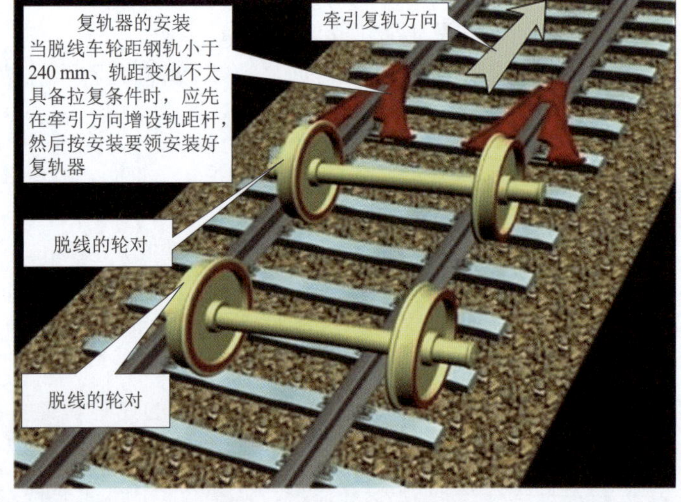

图 4-4　人字型复轨器使用

(二)海参型复轨器

1. 海参型复轨器结构特点

海参型复轨器由铸钢制造，每对复轨器分为内侧和外侧二只。内侧的稍矮小，在复轨器体中部有凸出的轮缘槽间隔铁。外侧的略高大，每只复轨器配有紧固螺栓，用于紧固安装复轨器。

2. 海参型复轨器主要技术参数

(1)复轨器主体：

内侧复轨器：长 815 mm，宽 265 mm，高 310 mm；

外侧复轨器：长 815 mm，宽 240 mm，高 320 mm。

(2)复轨有效距离≤150 mm。

(3)复轨器主体重量：

内侧复轨器：37 kg；

外侧复轨器：39 kg。

(4)复轨器主体材质：合金铸钢。

(5)紧固螺栓：M28 mm×475 mm。

3. 海参型复轨器使用方法

(1)外侧复轨器安装于钢轨外方，与基本轨密贴；内侧复轨器安装于钢轨内方，与基本轨保持 35～40 mm 的间隙，以便轮缘通过。

(2)内、外侧复轨器必须左右对称安装，要躲开钢轨接头夹板及腐朽枕木。

(3)用紧固螺栓和道钉等将复轨器固定，不得窜动移位。

(4)在复轨器顶部斜面上涂适量润滑油，利于车轮滑落复轨。

(5)在脱轨车轮至复轨器间的车轮经路上铺垫石砟，防止轧坏轨枕，减少拉复阻力。

注意事项：海参型复轨器的有效复轨距离为 150 mm，脱轨距离较远时，须设法将车轮拉靠基本轨后，再安装复轨器进行拉复。

4. 海参型复轨器安装使用方法图解

海参型复轨器的安装使用方法如图 4-5 所示。

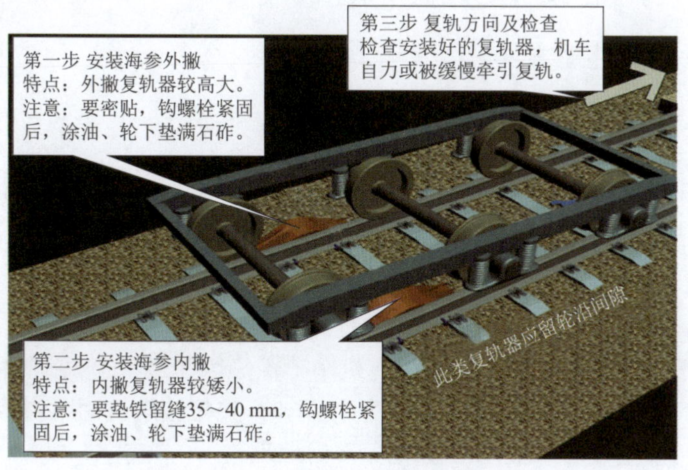

图 4-5　海参型安装方法图解

（三）S-1 型复轨器

1. S-1 型复轨器主要技术参数

（1）外形尺寸：长 900 mm、宽 290 mm、全高 290 mm（小端高 110 mm、大端高 240 mm）；

（2）重量：44.00 kg；

（3）延伸率：5.5～7.5%；

（4）表面硬度：HB97～112。

2. S-1 型复轨器结构

S-1 型复轨器由复轨器、钩螺栓、螺母、垫板、耙子组成。

3. S-1 型复轨器安装步骤

（1）先使用耙子将安放复轨器处的钢轨下部石子清空。

（2）当两侧水泥枕，内侧间隙大于 550 mm 时，将垫板放在轨座上。

（3）将复轨器一端扣入水泥轨枕螺栓上，另一端置于水泥枕螺栓上和基本轨密贴。

（4）将 3 条钩螺栓由基本轨底面穿进复轨器安装螺栓孔后紧固。

（5）如安装钩螺栓后复轨器与基本轨之间有间隙量，可沿轨座钉入垫板加以固定。

4. S-1 型复轨器使用方法

（1）在脱轨轮对（牵引方向）前的钢轨内，外侧（整体道床大平灰枕两间隙之间）相同位置安放该复轨器，使之于基本轨密贴。复轨器安放平衡平稳后，用钩螺栓由基本轨底面穿进复轨器安装螺栓孔后紧固或用道钉固定，以防使用中滑动。

（2）脱轨车轮至复轨器之间用石砟或闸瓦垫好，高度适宜，但不宜过高，以减少阻力或防止压坏轨枕。

（3）牵引起复前，复轨器引导楞及顶部须涂油。

（4）在 60 kg/m 及以上轨型使用时，可在轨座上、复轨器小端下面安放垫板。

（5）如脱轨轮对距基本轨距离超过 240 mm 时，需先用“逼轨”的方法，使脱轨轮对靠近基本轨，然后进行起复。

（6）HXN_5 型机车复轨器拆解方法：

①用 24 号扳手放入复轨器安装螺丝上。

②再用活口扳手夹住 24 号扳手的上方，逆时针拧动。

四、挤道岔后的处理方法

1. 轨道车发现道岔故障或被挤后，应立即做好防护，禁止一切车辆通行，及时报告车站值班员，通知工务、电务部门进行检查修理。为不中断行车，由工、电人员将道岔扳向未挤坏的一侧，钉固后，方可使用。发现挤道岔后，如果轨道车停留在道岔上并已挤过道岔，则不准后退，以防脱而扩大事故，应顺道岔方向缓缓移动，将列车全部拉过道岔。如须后退，可将道岔扳向未挤坏的一侧，钉固后方可后退。复式交分道岔后，因道岔结构复杂，停在道岔上的轨道车禁止移动，应通知工务、电务部门检查处理。

2. 车站值班员接到发生挤岔时，若仍有机车车辆停留在道岔上，一般不能后退，应顺尖轨方向缓缓移动，将车列全部拉过道岔。必须后退时，先把尖轨钉固，再行移动。复式交分道岔发生挤岔时，禁止移动，应通知工务电务部门处理。

3. 调车作业中发生挤道岔时的处理：

(1)机车车辆在道岔上或挤过道岔时均不准后退。

(2)机车车辆未全部越过挤坏的道岔时,在普通道岔上将道岔手柄提到中间位置,准许以不超过 5 km/h 速度顺道岔方向移动。

(3)必须后退时,须将尖轨钉固后在后退。

(4)在交分道岔上,待工,电人员处理后,方准按其指示进行移动。

(5)在被挤的道岔没有固定前决不准机车车辆后退,防止事故扩大。

第五章　综合知识

第一节　法律法规

一、铁路运营安全事故罪的认定

1. 案例

陈某是铁路沿线的一名道口值班员，负责看守、管理某铁路的某一道口。某日，陈某当值夜班，接班后不久，陈某开始犯困决定休息。睡之前，陈某将处于关闭状态的铁路道口栏杆打开，然后躺在椅子上打起了瞌睡。而司机何某开长途客车有些年头，驾驶技术不错，道路也熟，因此有时为了多赚点钱，他也会违法超载、长时间行车疲劳驾驶。就在陈某值夜班这天，何某像往常一样，驾驶一辆双层客车，载着68名已经酣睡的旅客赶夜车。凌晨1时50分左右，客车行驶到了陈某值守的铁路道口，疲倦的何某看到铁路道口栏杆是打开的，就以为可以通过，根本没有注意到道口闪烁的红灯和远处火车驶来的轰鸣声，想都没想就一脚油门开了过去。“咣……”大客车与正常运行的4184次货物列车相撞，巨大的撞击声和痛喊声，让何某一下子清醒过来，也惊醒了陈某，而20名酣睡的乘客却永远睡去，这起事故还造成5人受重伤、14人受轻伤，直接经济损失150余万元。

事故发生后，铁路运输检察院依法对陈某与何某提起公诉，指控称，何某违章抢道，违反交通管理法规，致使发生重大事故且情节特别恶劣，其行为构成交通肇事罪；陈某身为铁路职工违反规章，当班睡觉，未及时放下栏杆，致使发生铁路运营安全事故且造成特别严重的后果，其行为构成铁路运营安全事故罪。

面对检察机关的指控，陈某对起诉指控的犯罪事实供认不讳。而何某则辩称自己无罪，认为铁路平交道口是全封闭性道口，道口栏杆是指挥道口公路交通的重要标志，当自己经过道口时，道口栏杆是开放的，意味着自己驾驶的车辆可以通过道口，因此自己并未违反交通管理法规，不构成犯罪。

铁路运输法院经查明案情后认为，陈某身为铁路道口值班员，当班时违反铁路有关规章制度，将应当处于关闭状态的道口栏杆擅自打开，并离岗休息，致使重大事故发生，且造成特别严重后果，其行为已触犯《中华人民共和国刑法》，构成铁路运营安全事故罪，依法判处陈某有期徒刑4年。何某驾驶载有68名乘客（超载22人）的双层客车经过铁路平交道口时，违反交通管理法规，闯红灯抢越道口，造成重大事故，且情节特别恶劣，其行为已触犯《中华人民共和国刑法》第一百三十三条之规定，构成交通肇事罪，依法判处何某有期徒刑6年。一审宣判后，两被告人均未提起上诉。

2. 法理分析

什么是铁路运营安全事故罪？构成铁路运营安全事故罪有什么要件呢？什么行为造成

什么后果构成本罪？只能是过失？故意违章怎么处理？同一起安全事故，同样严重的后果，为什么道口值班员陈某犯铁路运营安全事故罪，获刑4年，而大客车司机何某却犯交通肇事罪，获刑6年呢？

首先，关于有违反规章制度的行为，该“规章制度”是指国家以及有关部门为了保障铁路运营安全而制定的各种有关铁路运输安全的法律、法规及内部规章制度，如《中华人民共和国铁路法》、《铁路安全管理条例》、《铁路道口管理暂行规定》、《铁路技术管理规程》、《铁路货物运输规程》和《铁路旅客运输规程》等。而违反规章制度的行为是指不按规章制度的要求去实施某种行为，或者实施规章制度禁止实施的行为。

其次，本罪是结果犯，铁路职工的违章行为导致了铁路运营安全事故的发生，即铁路职工的违章行为与铁路运营安全事故的发生有因果关系才会构成本罪。如果没有发生造成严重后果的铁路运营安全事故，或者虽有造成严重后果的铁路运营安全事故的发生，但不是由违章行为造成的，都不构成本罪。

铁路运营安全事故罪是过失犯，也就是说，犯罪主体的主观恶性是过失，其应当预见自己违反规章制度的行为可能发生铁路运营安全事故、造成严重后果，因为疏忽大意而没有预见或者已经预见而轻信能够避免，但最终发生了造成严重后果的安全事故。

如果铁路职工故意实施违反规章制度，导致发生铁路运营安全事故，应该如何处理呢？一般来说，对于铁路职工以故意破坏交通工具或交通设施的犯意，实施了损坏交通工具或交通设施的行为，导致发生铁路运营安全事故的，应以破坏交通工具罪或破坏交通设施罪追究行为人的刑事责任。但是如果铁路职工只是故意以作为或不作为的方式违反规章，而并未以破坏交通工具或交通设施的方式表现出来，又该如何定罪呢？这种情况下，也可以根据《中华人民共和国铁路法》第六十一条的规定进行处理。

二、《中华人民共和国民法典》与铁路的相关法条

《中华人民共和国民法典》（以下简称《民法典》）的颁布实施，是以习近平同志为核心的党中央推进全面依法治国、推进国家治理体系和治理能力现代化的重大举措，在新中国法治建设史上具有里程碑意义。与现行法律相比，《民法典》确立了一系列新规定新概念新精神，出现了许多新变化，其中有很多条文与铁路工作直接相关，对国铁企业改进运输服务、强化诚信经营、提高法治化市场化水平等具有很强的现实针对性和指导性。国铁企业贯彻实施好《民法典》，不仅是更好履行社会责任、践行人民铁路为人民宗旨的必然要求，也是坚持依法治企、推进治理体系和治理能力现代化的客观需要。

《民法典》与人民群众的生活息息相关，对很多细节问题做出了解释和解决方案。同样的，对铁路运输，规范了旅客与承运人责任。

《民法典》维护权利与义务。铁路部门应严格履行安全义务，提醒旅客做好安全防护，保障乘车安全。旅客应积极配合，不得不服从甚至对抗。这对于实现安全抵达目的地的目标，提供了重要支持。

《民法典》为解决霸座问题提供依据。近年来旅客“霸座”行为屡见不鲜，在网络上散发得沸沸扬扬，往往原座位旅客合法权益受到侵害，霸座者却得不到制裁。民法典规定旅客应按客票记载的信息乘坐列车，否则需补票并缴纳手续费、加收票款。这将减少“霸座”行为的产生，促进文明乘车的良好环境。

《民法典》严格保障运输安全和秩序。铁路车站人流密集，情况多变复杂，各种突发情况随时有可能出现。铁路规定禁止携带危险品、管制刀具进站乘车，目的是防范不法分子违法犯罪行为的发生。有些旅客不理解、不配合铁路部门的规定，在安检处吵闹撒泼，对于铁路工作人员正常履行职责造成了很大影响。民法典规定承运人可以依法卸下、销毁危险品和违禁物品，并不负赔偿责任。这将提高铁路安检人员的工作效率，更好的保障乘车安全。

《民法典》弘扬社会正能量，提升道德水平。在列车上，孕妇早产，老人心梗等等紧急事件的报道时有发生，大部分人在遇到这种情况时还是会出手相助。但曾经在网上热极一时的"扶摔倒老人"事件，令有些人在遇到真正需要帮助的人面前，选择了犹豫和冷漠。《民法典》对于救助行为的免责做出了指导，保护了救助人的权益，无后顾之忧，可以更全身心投入到救助工作中，不让英雄流汗又流泪。

可以说，《民法典》是一部具有历史意义的法典，越来越健全的法律保障人民生命财产安全，增强了幸福感。法律加持，规范出行，知法守法，文明乘车，值得期待。《民法典》中与铁路的相关条款如下：

1. 第二百七十五条

建筑区划内，规划用于停放汽车的车位、车库的归属，由当事人通过出售、附赠或者出租等方式约定。

占用业主共有的道路或者其他场地用于停放汽车的车位，属于业主共有。

2. 第一千二百一十七条

非营运机动车发生交通事故造成无偿搭乘人损害，属于该机动车一方责任的，应当减轻其赔偿责任，但是机动车使用人有故意或者重大过失的除外。

3. 第一千一百七十六条

自愿参加具有一定风险的文体活动，因其他参加者的行为受到损害的，受害人不得请求其他参加者承担侵权责任；但是，其他参加者对损害的发生有故意或者重大过失的除外。

活动组织者的责任适用本法第一千一百九十八条至第一千二百零一条的规定。

4. 第八百二十二条、第八百二十三条

(1)第八百二十二条

承运人在运输过程中，应当尽力救助患有急病、分娩、遇险的旅客。

(2)第八百二十三条

承运人应当对运输过程中旅客的伤亡承担赔偿责任；但是，伤亡是旅客自身健康原因造成的或者承运人证明伤亡是旅客故意、重大过失造成的除外。

前款规定适用于按照规定免票、持优待票或者经承运人许可搭乘的无票旅客。

5. 第一千二百四十条

从事高空、高压、地下挖掘活动或者使用高速轨道运输工具造成他人损害的，经营者应当承担侵权责任；但是，能够证明损害是因受害人故意或者不可抗力造成的，不承担责任。被侵权人对损害的发生有重大过失的，可以减轻经营者的责任。

案例：2020 年 5 月 6 日 18 时许，41707 次机车在平等至白沙区间 K392＋529 处与陶某相撞，陶某经抢救无效死亡。三原告起诉至法院，要求成都铁路局集团公司赔偿三原告死亡赔偿金、丧葬费等各项损失 818 497 元的 80％，即 654 797.6 元。

处理结果：本案在法院主持下双方达成调解协议，铁路部门一次性赔偿三原告各项损失共计 220 000 元后结案。

三、劳动者合法权益相关法条

1.《中华人民共和国劳动合同法》第三十九条

劳动者有下列情形之一的，用人单位可以解除劳动合同：

(1)在试用期间被证明不符合录用条件的。

(2)严重违反用人单位的规章制度的。

(3)严重失职，营私舞弊，给用人单位造成重大损害的。

(4)劳动者同时与其他用人单位建立劳动关系，对完成本单位的工作任务造成严重影响，或者经用人单位提出，拒不改正的。

(5)因本法第二十六条第一款第一项规定的情形致使劳动合同无效的

(6)被依法追究刑事责任的。

2.《中华人民共和国劳动合同法》第四十条

有下列情形之一的，用人单位提前三十日以书面形式通知劳动者本人或者额外支付劳动者一个月工资后，可以解除劳动合同：

(1)劳动者患病或者非因工负伤，在规定的医疗期满后不能从事原工作，也不能从事由用人单位另行安排的工作的。

(2)劳动者不能胜任工作，经过培训或者调整工作岗位，仍不能胜任工作的。

(3)劳动合同订立时所依据的客观情况发生重大变化，致使劳动合同无法履行，经用人单位与劳动者协商，未能就变更劳动合同内容达成协议的。

3.《工伤保险条例》第十四条

职工有下列情形之一的，应当认定为工伤：

(1)在工作时间和工作场所内，因工作原因受到事故伤害的。

(2)工作时间前后在工作场所内，从事与工作有关的预备性或者收尾性工作受到事故伤害的。

(3)在工作时间和工作场所内，因履行工作职责受到暴力等意外伤害的。

(4)患职业病的。

(5)因工外出期间，由于工作原因受到伤害或者发生事故下落不明的。

(6)在上下班途中，受到非本人主要责任的交通事故或者城市轨道交通、客运轮渡、火车事故伤害的。

(7)法律、行政法规规定应当认定为工伤的其他情形。

第二节　职业道德

一、职业道德基本要求

铁路职业道德的基本要求，是指铁路职业道德体系中处于核心地位的观察问题、处理问题的准绳。铁路职业道德的宗旨和原则是“人民铁路为人民”。铁路职业道德的宗旨和基本原则确立了铁路职业道德行为的总方向，即一切为了人民的利益，并贯穿了铁路职业道德实践的全过程，具有普遍的指导意义。在指导思想上，应该牢固树立“人民铁路为人民”的宗旨意识，明确“人民铁路为人民”是铁路职业活动的出发点，是制定具体规范的前提；在道德行为上，明确“人民铁路为人民”是铁路职业道德的核心，自觉地把它贯穿到各个部门和各个工种的职业道德规范中；在道德实践中，要求全体员工在其职业活动中全心全意为旅客、货主服务，为社会服务。自20世纪80年代开始提出的整顿路风的基本要求和目标，90年代在全路开展的“诚心待客，热情服务，争当精神文明建设的火车头”为主要内容的“十百千”站车文明服务等活动，以及新世纪开展的“服务承诺”，到近年来，铁路系统内开展的“服务旅客，创先争优”“以服务为宗旨，待旅客如亲人”等活动，都是为了贯穿“人民铁路为人民”的宗旨。

二、职业道德守则

铁路职业道德守则是全路职工在职业活动中必须共同遵守的职业行为准则。身体力行铁路职业道德守则，是各部门、各岗位员工践行“人民铁路为人民”这一基本原则的有效途径，是建设和谐铁路的重要环节。

(一)尊客爱货、热情周到

尊客爱货、热情周到，集中反映了铁路行业服务态度和服务质量的具体要求，直接体现了“人民铁路为人民”的宗旨，也是铁路职工在构建社会主义和谐社会中应该履行的道德义务。坚持以“尊客爱货、热情周到”这一职业道德要求规范铁路职工的职业行为，必将进一步促进铁路精神文明建设，并辐射到全社会，有利于形成相互尊重、相互关心、互助友爱的社会道德风尚和社会和谐氛围。

尊客爱货，指的是铁路职工对自身服务对象的态度和道德情感。也就是说，铁路职工应该牢固树立“旅客、货主至上”“以服务旅客为宗旨，待旅客为亲人”的职业道德观念，自觉履行职业责任，时时注意尊重旅客、货主的意志和愿望，处处关心和维护旅客、货主的利益，及时为旅客货主排忧解难，通过主动积极的服务，让旅客、货主切实感受到铁路职工对人民、对社会的满腔热情和责任感。

热情周到，指的是铁路运输服务的优质程度及所要达到的效果。

铁路职工在从事职业活动时，要通过端庄整洁的仪表，文明礼貌的语言，娴熟完美的技能，细致周到的服务，达到“以人为本、以客为尊”的服务目标和职业道德境界。

1. 尊重旅客、货主

铁路运输业的服务性，决定了旅客、货主的意志和愿望在整个运输过程中起主导作用。铁路企业和铁路职工的职业责任，就是服从并服务于旅客、货主的合理愿望和正当要求。倡导“旅客、货主至上”，主要表现在对旅客、货主人格的尊重，对旅客、货主乘车运货过程中各种合理愿望和正当要求的满足。

尊重旅客、货主，首先要做到文明礼貌待客，最重要的是要做到语言文明、仪表端庄、环境整洁、微笑服务。

(1)语言文明。服务工作是为了满足人们的各种需要而进行的，离不开服务者与被服务者之间的人际交往。特别是铁路客货运输进行的是面对面服务，这就决定了铁路职工在从事职业活动时的语言、仪表以及对待旅客、货主的态度，在服务中居于至关重要的地位，对服务工作的效果具有重大的影响。其实，铁路客货窗口野蛮待客的现象，往往集中表现在语言上，很多时候就是由于讲话不礼貌，说粗话、脏话，对旅客、货主的询问爱理不理，引起旅客、货主的极大反感。如果在服务工作中坚持礼貌用语、来有迎声、去有送声、有问必答、百问不烦、语言亲切、语音悦耳，就会在无形之中给旅客、货主带来一缕温馨、一丝亲情，融洽与旅客、货主的关系，营造充满温暖友爱的和谐氛围。

(2)仪表端庄。仪表端庄实质上是一个人的思想情操、道德品质、文化修养和人格气质的综合反映。举止端庄、统一着装、精神饱满、行为规范，不仅体现了铁路职工对广大旅客、货主的尊重，也反映了整个铁路行业的精神风貌，还是维护铁路运输生产正常秩序的需要。

(3)环境整洁。在铁路运输十分繁忙的情况下，保持整洁优美的工作环境，铁路工作人员要付出十分艰巨的劳动，但是这对于减轻旅客长途旅行的疲劳，保护旅客、货主的身心健康，维护铁路行业的整体形象，展现铁路行业精神文明的风貌，具有十分重要的意义。

(4)微笑服务。尊重旅客、货主还应该做到热情服务、真诚待客。对旅客、货主的尊重是热情服务的思想基础，热情服务则是“以客为尊”理念的外在表现。首先，对旅客、货主的态度要热心、亲切、真诚、主动。服务工作特别注重面部表情，冷若冰霜只会使旅客、货主望而生畏；亲切自然的微笑，会使人如沐春风。

2. 方便旅客、货主

近几年，随着国民经济持续快速发展和人民生活水平的不断提高，社会对铁路运输的需求日趋旺盛，铁路运输能力供不应求。在这种情况下，铁路运输更要为旅客、货主着想，千方百计为旅客乘车、货主运货提供方便。特别是要加强铁路运输的计划组织工作，有效地提高综合运输能力，使有限的运输能力发挥最大的效益，运输更多的旅客和货物，提高生产资源的利用效率，缓解运输紧张状况。客运要周密计划，安全、迅速地运送旅客。特别是在一些客运量长年处于超饱和的繁忙干线和重点枢纽站，如果客运计划不周，就会造成旅客滞留、拥挤，站内秩序混乱，甚至造成列车迟发、晚点，给旅客造成极大不便，这样当然就难以履行铁路部门的职业责任。另一方面，铁路服务设施、方式、程序、规定要着眼于方便旅客、货主，发挥铁路运输便捷优势。

3. 坚持全面服务

履行职业责任，贯彻“旅客、货主至上”的职业道德要求，首先体现在从售票到旅客出站，从承运货物到交付货主的全过程全方位优质服务上。广大列车乘务人员，要以热情周到的服务来弥补旅客列车服务条件的不足，做到“三要、四心、五主动”(三要：对待旅客要文明礼貌，纠正违章要态度和蔼，处理问题要实事求是；四心：接待旅客细心，解决问题耐心，接受意见虚心，工作认真热心；五主动：主动迎送旅客，主动扶老携幼，主动解决旅客困难，主动介绍旅行常识，主动征求旅客意见)，注重自身职业行为的效果，为旅客送去温暖、亲情和爱心。坚持服务工作的全面性不仅体现在履行本职工作的职责上，而且体现在管好工作职责范围外的“分外事”，搞好延伸服务上。正如铁路职工经常说“列车有终点，为旅客服务没有终点”，就集中体现了铁路客运职工自愿牺牲个人的时间和精力，助人为乐、延伸服务，为旅客排忧解难的高尚职业道德情操。

总之，尊客爱货、热情周到的职业道德规范是鼓励铁路职工向社会奉献一流服务的强大精神动力，这一职业道德规范一旦转化为职工的内心理念，必将深刻影响铁路运输各部门职工职业行为的价值取向，产生强烈的激励作用，促使他们努力提高本职工作的质量。不仅如此，这些高尚的职业行为还将对全社会树立起正确的荣辱观产生强烈的感染和辐射作用。

(二)遵章守纪、保证安全

遵章守纪、保证安全作为铁路系统人人皆知的老传统，它在发展社会主义市场经济，建设和谐铁路的新的历史条件下具有重要的道德意义，是我们必须发扬光大的优良传统。

1. 遵章守纪

遵章守纪指的是铁路职工在从事各自的职业活动中，始终按照明文规定的各种行为规则，一丝不苟地完成生产作业的行为。

它包括遵章和守纪两层意思。所谓遵章，实质上是要尊重客观规律，而违章则是违背客观规律。因为铁路运输安全方面的各项规章制度是运输安全生产中客观规律的反映，它既是铁路运输生产实践经验的结晶，也是生产过程中历次重大事故血的教训的凝结。规章制度都是铁路企业各个部门的职工在生产实践中不断总结、不断修改、不断补充和完善而逐渐确立起来的，它采用简明适用的形式反映铁路职业道德的要求，有利于养成职工良好的职业道德习惯。所谓守纪，实质上是要求职工严格自律，不允许有违反规定的行为发生。纪律是国家和社会各种组织为所属人员制定的、必须共同遵守的行为准则。这里讲的纪律主要是指铁路行业的职业纪律，主要包括作业纪律和劳动纪律。由于各部门、各工种工作内容不同，职业纪律也各异，它只规定某一特定职业部门或岗位上应该做什么，不应该、不允许做什么。

2. 保证安全

保证安全指的是在铁路这部大联动机里，运输生产各部门、各环节要始终处于有序可控、基本稳定的状态。

安全一般包括行车安全、人身安全、设施安全、消防安全等方面的内容。对于铁路运输来讲，保证安全主要指的是保证行车安全，防止出现各种行车重大事故，尤其是注意避免旅客列车重大事故的发生。

因为行车安全是铁路运输部门的大事，是安全工作的重中之重。一旦发生事故，对企业、对社会和人民生命财产、对铁路职工本身危害极大。保证安全就是千方百计地确保客货列车的行车安全，平安地实现旅客与货物的位移。

“保证安全”体现了铁路职工对服务对象——旅客、货物的一种负责态度，涉及企业和消费者的利益关系，其道德意义是显而易见的。而“遵章守纪”则有所不同。仅就“规章制度”和“纪律”而言，一般地说都是具有行政命令和强制性的，因而是非道德的。“遵章守纪”作为一种行为，一般说来有两种情况：一种是出于非自愿的、迫于行政命令的强制而消极地遵章守纪，这是非道德意义的。另一种情况是出于对顾客的负责，自愿地选择遵章守纪的行为，这是具有道德意义的。实践中，大多数情况属于后者。不遵章守纪也往往有两种情况：一是对遵章守纪的重要性认识不足，没有考虑到其行为会带来意想不到的可怕后果，这是一种非道德行为；二是知道不遵章守纪可能带来的后果而采取不负责任的放任态度，这就具有道德意义了。这两种情况，前一种是少有的，除了极少数新上岗的工人由于对遵章守纪的重要性认识不足外，对于大多数职工而言是知道后果严重，而采取了疏忽、放任、粗心、敷衍了事等不负责任的态度。因此，在遵章守纪活动中，绝大多数职工的行为是具有道德意义的。也就是说，遵章守纪、保证安全的行为是一种道德行为，违章违纪是一种不道德行为。

通过遵章守纪、保证安全的职业道德教育和实践，在铁路职工头脑中确立遵章守纪、保证安全这一职业道德规范，提高铁路职工对遵章守纪的认识，增强对遵章守纪的道德情感，锻炼遵章守纪的职业道德意志，树立遵章守纪的道德信念，培养遵章守纪的职业道德习惯，在全行业形成遵章守纪的浓厚氛围，是实现铁路运输生产安全有序可控、长治久安的重要保证。

(三)团结协作、顾全大局

铁路是一个大联机,为了一个共同的目标,在内部分工合作,由点到线、由线成网,构成了一个有机的协作整体;在外部与旅客、货主以及工厂、矿山、公路、港口、航空等单位有着密切的联系及协作。因此,团结协作、顾全大局就成了铁路运输企业发挥先行作用,搞好各项工作的重要环节,是评价和衡量铁路职工职业道德水平的一条重要标准。

团结协作、顾全大局,要求铁路职工在职业活动中,一切从集团公司利益出发,一切服从集团公司利益,立足本职,紧密配合,通力合作,处处讲大局,事事讲团结,齐心协力,共同完成铁路运输任务。

1. 从集团公司出发,服从集团公司利益。在铁路职业活动中,要求铁路职工把国家的利益、人民的利益放在第一位,立足集团公司,服从集团公司,时刻想着集团公司。要求职工把自己的工作同国家的建设、人民的生活、城乡的沟通联系起来,在心中经常装着集团公司,装着全路这个整体,围绕集团公司的目标,在思想上自觉做到事事想集团公司,处处为集团公司,一切保集团公司。

无条件服从集团公司利益。要求铁路职工一切从集团公司利益出发,摆正各种利益关系,做到个人利益服从集体利益,眼前利益服从长远利益,局部利益服从集团公司利益,企业效益服从社会效益。做计划、想问题、办事情,首先考虑集团公司利益,而不是把本部门、本单位和个人的利益放在首位。要克服和防止一事当前,先替个人打算,然后再替别人和集体打算的个人主义,才能始终坚持把服从集团公司利益放在第一位。

2. 主动密切配合,紧密团结协作。协作是许多人或若干单位在同一生产过程中,或在不同的但相互联系的生产过程中,为了一个目标,有计划地在一起协同劳动,共同完成任务。铁路是一个联劳协作、连续性很强的有机整体,要求职工在工作中立足本职,相互配合,密切合作。

3. 立足本职,忠于职守。要求职工干一行,爱一行,以敬业、爱业、创业作为自己的职业选择、奋斗目标和行为准则。对工作勤勤恳恳,兢兢业业,锐意进取,不断创新,精益求精,有强烈的事业心和高度的主人翁责任感。工作中充分发挥自己的主动性、积极性,为做好本职工作献计献策,刻苦学习与本职工作有关的专业知识,成为本职工作的行家里手,出色地完成工作任务。

4. 相互支持,密切合作。要求职工在工作中分工不分家,上下一条心,拧成一股绳,加强上下左右各方面的联系,互通信息,主动配合,相互创造条件。在团结协作中,要注意克服和防止两种倾向:一种是"协作,协作,你不协,我不作;你先支持我,我再帮助你"的颠倒协作主体的倾向;一种是搞地方主义和小团体主义,在所谓竞争的名义下,相互封锁,相互拆台。在协作生产中,不能斤斤计较。人人都要以大局为重,主动多做奉献。

5. 相互尊重,增强团结。要求铁路职工正确处理自己与同事、与旅客、货主的关系,尊重同事的职业、工作、劳动,尊重同事的意见和人格,养成谦虚礼让、互助互敬的品德,加强团结,紧密配合,互相支持,齐心协力一道工作。要求全心全意为旅客、货主服务,主动与厂矿企业、与港口航空等单位搞好团结协作,注意克服和防止"门难进,脸难看,话难说"的不良作风。

从道德意义上看,提倡"团结协作、顾全大局"有利于形成铁路行业联劳协作的良好风尚,有利于建立互助互爱、无私利他的新型人际关系,有利于以道德的力量促进新的生产力的形成和发展。

(四)注重质量、讲究信誉

对于铁路企业和铁路职工来说,注重质量,讲究信誉,是我们必须具备的职业道德素质。这一道德规范在发展社会主义市场经济条件下具有更加重要的意义。

质量通常是指产品或工作的优劣程度。信誉,即信用和名誉。在市场竞争中,质量和信誉对企业来说是至关重要的。

1. 把工作质量、产品质量摆到首位

一个企业必须依靠质量站稳脚跟,从而赢得信誉和市场。因此,必须把工作质量、产品质量摆到首位。

首先,把优质服务和生产高质量的产品作为自己最重要的工作目标。每一个铁路职工都必须牢固树立起"质量第一"的观点,不管在什么岗位,不管做什么工作,都应该把质量放在第一位。如客运工作,首先就应该确保运输安全,让人民放心。安全是铁路运输工作的头等质量问题。保证旅客人身和财产安全,既是人命关天的大事,也是事关铁路信誉的大事。每一个职工都必须以对国家和人民高度负责的精神,把安全工作放在一切工作的首位,时刻注意,着力抓好。其次是主动热情地做好服务工作,让旅客、货主满意。每一个职工都应该把旅客、货主是否满意当作衡量自己工作的标准,培养自己高尚的职业道德情操。要摆正自己与旅客、货主的位置,把旅客、货主真正看成是铁路部门的衣食父母,而自己则是代表铁路企业满腔热情地接待他们,实心实意地为他们服务。要克服那种认为旅客、货主是有求于我们,以冷、硬、顶的态度对待旅客、货主的不文明、不礼貌的服务作风。

运输生产具有很强的关联性,任何环节出现质量问题都会影响集团公司。机务系统提出"开车人想着坐车人"的口号,号召机车乘务员平稳操纵,让旅客坐车舒适些,再舒适些,就体现了这种道德意识。售票员卖错票、广播员误报漏报站名等等,都会降低服务质量,引起旅客对整个铁路行业的不满。一个工程的某一个部分出现质量问题,都会给整个工程留下隐患。一台机车的某一个螺丝钉不合格,甚至可能造成行车重大事故。所以,每个岗位的工作都与质量息息相关,要坚决克服质量与我无关的思想,完成任务必须是在保证质量的前提下进行的,否则,劣质服务工作做得越多,负面影响就越大。

铁路企业的每一位职工都应该时时刻刻把质量摆在首位,把保证质量贯彻到自己工作的全过程中去。今天重视了,只能保证今天的质量,明天一放松,质量就会下降。监督与检验是必要的,但保证质量不能只靠监督和检验,更重要的是,每一个职工每时每刻,做每项工作都要兢兢业业、一丝不苟地注意质量。

铁路企业各单位、各岗位都要为保证质量服务。质量问题是个全员、全系统的问题,只靠一个部门、一个人是不行的,一定要树立大质量观,齐心协力保证质量。

2. 依靠信誉树立企业的良好形象

在市场竞争中,必须在提供高质量的产品基础上,建立企业和产品的信誉,进而树立铁路行业的良好形象,使企业在竞争中处于有利地位。信誉与形象是紧密相关的,铁路行业要树立良好的形象,就必须建立自己的信誉,而信誉的获得关键是保证服务质量。讲信誉首先就必须要有好的质量,质量不好,就不可能建立好的信誉。所以,必须把质量视为企业的生命。同时,讲信誉就要敢于对质量问题负责。职业信誉问题,是一个经营道德问题,把职业信誉视为企业的经营之本,才能为企业的持续发展才打下良好的基础。不讲职业信誉,失掉的不仅是客流货源和经济效益,也违背了"人民铁路为人民"的宗旨。

(五)艰苦奋斗、勇于奉献

艰苦奋斗、勇于奉献是人民铁路的光荣传统,是推动铁路事业发展的精神动力。在推进和谐铁路建设的历史进程中,必须继续弘扬艰苦奋斗、勇于奉献的崇高职业道德。

铁路运输有点多线长、流动分散、全天候露天作业的工作特点。全国十几万 km 铁路,数千个车站,数万个工区,相当部分地处艰苦地区。大批职工必须流动作业,风餐露宿,其中有一部分职工需要远离集体,独立作业。这些工作特点都要求铁路职工必须不怕艰难险阻去完成任务。

一方面要在艰苦的工作环境中知难而进、吃苦耐劳。我国领土辽阔,铁路遍布全国,南北纵进,东西横贯,线路长、跨度大。由于我国经济社会发展水平不高,区域发展不平衡,不少地区特别是老、少、边地区还比较落后,工作和生活条件比较艰苦。改变这种状况,迫切需要多修铁路,改善交通条件,促进经济社会发展。而铁路修通后,需要大批铁路职工管理运营,有相当数量的铁路职工需要在环境艰苦的地方工作和生活。在戈壁沙漠、风区荒野、高寒高原、贫困地区等艰苦环境中安心铁路工作,干好本职工作,是知难而进、吃苦耐劳的基本要求。

另一方面要在"急、难、险、重"任务前知难而进、吃苦耐劳。每年的春运、暑运等时期的运输是铁路最繁忙,也是最艰苦的时候。人力不足、运力紧张,都要求铁路职工千方百计挖掘潜力,尽最大努力,满足旅客、货主的运输需求。铁路运输责任重大,难以预料的行车事故、自然灾害随时可能干扰铁路正常运输,给人民生命财产带来威胁,要求铁路职工坚持"预防为主"方针的同时,充分发扬招之即来、来之能战的作风,抗险救灾,确保畅通。

(六)廉洁自律、秉公办事

廉洁自律、秉公办事并不仅仅是领导干部的职业道德,也是社会主义铁路企业职工应该自觉遵循的一种职业行为规范。所不同的是,领导干部遵循的廉洁自律、秉公办事,是相对于他们所掌握的人民赋予的领导权力而言的,而铁路职工遵循的廉洁自律、秉公办事,是特指铁路职工面对铁路职业活动中存在的职业方便和行业特权而言的,是铁路职工在使用职业权力过程中应该持有的态度和正确选择的行为。

1. 严于律己,自觉按规章制度规范自己的行为

廉洁自律、秉公办事中的自律就是强调自觉。这就是说,铁路职工在工作中应该做到领导在场与不在场一个样,有人监督与无人监督一个样,服务亲戚朋友与服务他人一个样。自律是道德的较高境界,如果我们把执行规章制度看作是不得不做的事,那还仅仅停留在道德的他律阶段,而一旦把按规章制度规范自己的行为看作是义不容辞的责任时,就从道德的他律阶段转向了道德的自律阶段。

2. 秉公办事,正确使用手中的职业权力

廉洁自律、秉公办事中的秉公办事,就是强调铁路职工应该从人民的利益出发,用权为民,供职为民,不谋私利,反对把铁路的工作职权演变成个人或小集团谋取私利的资本。

秉公办事要求我们每一个铁路职工应该把为人民服务作为行使手中职业权力的出发点,而不能从个人或小集团的利益出发。比如,售票窗口就常常会遇到人民利益、国家利益与小集体利益的矛盾。秉公办事,就是要求我们坚持把满足人民的需要、维护国家利益作为我们使用职业权力的出发点和落脚点,而不是一切从小集体的收益出发。

3. 清正廉洁，严格防止职业权力异化

廉洁自律、秉公办事要求铁路职工在职业权力可能带来的物质和金钱的诱惑面前，应该不贪不占，两袖清风，一尘不染。每一项职业活动都具有相应的职业权力，这种职业权力虽然并不具有领导权力那样大的指挥作用，但是它也是职工在职责范围内可以支配的力量。这种职业权力在使用过程中具有两重性：一方面，人们可以通过履行岗位职责，为人民群众提供职业服务；另一方面，人们也可以利用职业权力谋取个人或小集团的狭隘私利。职业权力的两重性，如果说前者是职业权力的正常体现，那么后者则是职业权力的异化。也就是说，职业权力应该在职业责任允许的范围内使用，一旦超出了职业责任允许范围，甚至与职业责任背道而驰，职业权力就发生了异化。铁路运输、建设、财务等职业权力本来应该服务于本职工作的需要，不应该也不能成为谋取个人私利的工具。

提倡廉洁自律、秉公办事的职业道德规范，有利于铁路职工树立正确的职业权力观念，有利于在铁路行业风气中抑恶扬善，有利于促进社会的和谐稳定。

（七）爱路护路、尽职尽责

保护铁路运输设施的完善，维护铁路良好的治安秩序，是保证铁路运输生产正常进行的一个基本条件。铁路职工爱祖国、爱铁路、爱岗位，不仅要努力完成本职工作任务，搞好自己岗位上各种设备的维修和保养，而且有义务、有责任爱护和保卫铁路的一切设施不受损害，保卫旅客、货主的生命财产在运输过程中不受侵犯，维护铁路治安秩序的良好。

1. 爱护铁路的一切设施

为中国的发展提供可靠的运力支持，不仅需要加快发展铁路，而且需要维护好现有的铁路，保证铁路各类设施的完好，确保大动脉的畅通无阻。

铁路的各类设施，包括铁路的线路、桥梁、隧道、车站、厂房、机车车辆和通信信号设施，是铁路维持简单再生产和扩大再生产的基本技术装备，是铁路运输生产正常进行的不可缺少的条件。爱护铁路的一切设施，就是保证铁路各类设施始终处于完好状态，在性能、质量、数量上都能满足运输生产正常进行的需要。铁路作为国家重要的基础设施，铁路设施的丢失或损坏，不仅是国家财产的损失，而且可能造成重大行车事故，使人民生命财产蒙受巨大损失。因此，铁路职工应该保护好铁路设施，保证铁路运输的正常进行，保证人民生命财产的安全，维护铁路和国家的声誉。

保证铁路设施完好，是一项非常艰巨的任务。铁路是一个特殊的行业。铁路运输企业的许多重要设施，诸如线路、桥梁、隧道和通信信号设施，都是随着铁路的延伸，铺设在祖国大地，展露在大自然之中。担负这些设施日常检修和养护工作的职工也不可能日夜守护在旁，这就使得铁路的许多设施，不仅容易受到暴风雪、洪水、塌方、滑坡、泥石流等自然灾害的影响，而且容易受到人为的破坏。这给维护铁路设施增加了困难，给铁路职工爱路护路提出了更高的要求。对于一个铁路职工来说，爱路护路就是要以主人翁的责任感履行自己的岗位职责，爱护、维护和管理好自己岗位上的各类设备，及时排除自然灾害对铁路造成的损坏；要求遵纪守法，决不私拿公物和偷盗公物，坚决同一切破坏铁路设施的不法行为作斗争。

2. 维护铁路治安和运输生产的正常秩序

良好的铁路治安秩序和运输生产秩序是保证铁路运输生产正常进行的重要条件。维护铁路治安和运输生产的良好秩序，是铁路职工爱路护路的一项重要内容。

爱路护路就是要千方百计地维持运输生产的正常秩序。铁路运输是通过列车在铁路线上高速运行，把旅客和货物运到预定的地点来实现其生产目的的。铁路运输生产任务的顺利完成，不仅需要铁路内部严格管理，建立起有条不紊的生产工作秩序，需要铁路职工勤奋地工作，需要旅客在运输过程中密切配合，而且需要铁路沿线有良好的治安秩序。铁路治安秩序不好，就会影响列车安全运行，人民群众的生命财产安全就会受到威胁，铁路运输生产的目的就无法顺利实现。

因此，每一个铁路职工不仅应该十分关心，而且有义务、有责任维护铁路的治安和运输生产秩序。维护铁路的治安和运输生产秩序，要求铁路职工认真地做好本职工作，坚决按照规章制度和生产工作规程进行操作，并注意及时排除生产工作中遇到的干扰和破坏，保证生产工作秩序，尤其是站车生产工作秩序；要求铁路职工遵纪守法，自觉地不做任何有损于铁路治安秩序的事，以自己的模范行为为群众遵守国家的法律法规和铁路的规章制度做出榜样；要求铁路职工勇于同一切破坏铁路运输生产秩序和治安秩序的不法分子和不法行为做斗争，保证铁路运输正常进行。